# 妙好人——日暮しの中にほとばしる真実

構築された仏教思想

直林不退

# はじめに

妙好人《みょうこうにん》とは、苦悩に満ち溢れた日暮しの中で煩悩に染まらぬ信心の花を開かせた、市井の浄土真宗念仏の行者を、泥中にありながら清浄な花を咲かせる白蓮華に譬えた尊称である。

本書は、「構築された仏教思想」シリーズの中の一冊として、妙好人を取りあげる。この叢書は、仏教を信仰からだけでなく、論理的・知的に理解したい読者をも想定しているという。一瞬、本書執筆は自分の力量に余るのではないか、との心配が胸中をよぎった。

なぜならば、妙好人には、自らの意志で体系化した思想を、理路整然と文字に表現した著作などない。さらにその多くは、仏教の学問的理解には何一つ関心を示さないばかりか、分別臭い学解をことごとく否定する側面さえ垣間見られる。妙好人に対し客観的で学問的な評価を試みた瞬間、妙好人の純朴で豊かな感性は喪失してしまう。それは、あたかも池中の白蓮華を、人間が手折ろうとする愚行に似てはいないか。彼等や彼女たちから、構築された仏教思想など抽出できないと思ったからだ。

だが、不思議なことに、各々の専門領域において奥義を究めた錚々《そうそう》たる碩学たちが、妙好人の魅力にであい、妙好人を賞讃していくのも、紛れもない事実なのだ。なにゆえに市井に生きる念仏行者たちは、対極に位置するような学者たちの心をつかんだのか。学究たちは、学問の世界では一生涯かかってようやく構築しえるような深遠な思想大系さえ、いとも易々と凌駕する宗教的真実の生きた姿を、妙好人の中に発見したからではなかったか。たしかにそれは、学問的に意図して築きあげられた思想ではない。しかし、およそ学問とは無縁な在家生活者からあふれでる、真実を射抜くことばや他力の極致を体現した行動こそ、日暮しの中に展開した弥陀の本願の姿であり、自然《じねん》に構築された仏教思想といい得るのかもしれない。本書では、在俗生活の中で培われた仏教の伝統の中で、妙好人という存在について眺めてみたい。

特に近代以降の社会では、客観的に理論化し実証できる情報のみが正しいとされる傾向が強い。それゆえ仏教に関しても、近代的学問の尺度に照らしてリメイクされた洒落た思想を尊重し、大衆の生活に脈打つ情感豊かな物語の世界など、総じて低俗であると決めつけてきたのだ。私のここ十数年間の研究テーマである節談《ふしだん》再評価の問題も、こうした「近代化」によって喪失してしまった実態としての民衆性再構築をめざす営みに通じると考える。そのような浄土真宗伝道史の視点から、妙好人を見なおしてみよう。本書をまとめるのは、自分自身の研究テーマを総括する、またとない機縁であると気づかせていただいた。

冒頭から私事に及んでしまい恐縮であるが、もうひとつ私にはどうしても一度は妙好人を書かなければならない縁《えにし》がある。一般家庭に生まれた私の僧籍を引き受け、住職そして仏教史の学徒としてお育ていただいた恩師、それが朝枝善照博士なのだ。先生は、最初に『妙好人伝』を編んだ仰《ごう》誓《せい》和上の末裔として、妙好人と真摯に向き合われた。そうした恩師の歩みは、現代の浄土真宗の歴史そのものと関わるのではないか。今、後の世に生きる人たちにむけて、妙好人に魅《ひ》かれた学者の一人としての朝枝先生の存在を正確に位置づけておきたい。これは、不肖の弟子としての責務であろう。

このような動機から本書を紡いでいこうとするとき、「私ひとりの妙好人像」に終始してしまう陥穽《かんせい》が絶えずつきまとうのは承知している。だが、それにもまして、妙好人たちの愚者に徹しきりながら豊饒な他力のよろこびに身を委ねる生き生きとした姿を、堅苦しい知的理解の枠組みの中に押し込めてしまうことだけは、どうしても避けたいと思う。

ここで本書のサブタイトルについて、ひとこと触れておきたい。かつてアルフレッド・ブルーム博士は、妙好人を「凡夫の血潮の中に脈打つ」「ダイナミックで力強い信心」と形容された（原英文・島津恵正氏訳、『妙好人伝の周辺』・永田文昌堂・一九八四年序文）。苦悩を抱えながら精一杯生きぬいた妙好人には、この表現が最も相応しいのではないか。それを私なりに噛みしめると、「凡夫の血潮」が躍動するのは日々の生活の場であり、「信心」や「念仏」もすべて如来廻向の「真実」の働きに他ならず、「日暮しの中にほとばしる真実」とさせていただいた。「ほとばしる」という表現の中に、ブルーム先生のお人柄にも通じる「ダイナミックで力強い」というニュアンスを、少しでも残せたらばよいのだが。

尚、本文中の人名表記に関しては、本書の性格に鑑みて、すべて敬称を略させていただいている。先哲や自らの恩師そして先学に対し、いささか無礼ではないかと感じるが、何卒諒解されたい。

目次

装幀＝大竹左紀斗

# 第一章

# 妙好人とは

# 1 妙好人の魅力

ずいぶん昔になるが、あるご法座において、妙好人お軽《かる》（一八〇一―五六）の有名な歌を聞いたことがある。

重荷せをうて山坂すれど　御恩おもえば苦にならず

（西村真詮「お軽同行のうた」大洲彰然『お軽同行物語』一〇一頁）

作者のお軽は、若い頃から苛烈な人間苦に晒《さら》されながら、六連島《むつれじま》の急斜面を往復する農作業を生業とした。彼女は、やがて衆生に寄り添う如来のはたらきにめざめ、自らの苦悩をよろこびに変えていったのだ。

私の聴聞した布教使は、ハワイ在住の日系浄土真宗門徒たちがこの歌を「南無阿弥陀仏《なも(む)あみだぶつ》」の称名念仏にないまぜて口ずさみながら、不毛の荒れ地開墾を成し遂げた苦労の日々を感動的に物語ってくれた。なぜかその時、無性に熱い涙があふれてきた記憶がある。そして今もその物語は、私の胸に刻み込まれて、決して忘れることができない。

たしかに合理的客観的に捉えれば、ひたすら苦悩を甘受するような妙好人の行為様式には、民衆に過酷な労働を強いる社会の構造的矛盾を見抜く力もない。また妙好人たちの苦境に向き合う場合、ややもすれば「下見て暮らせ」「あれに比べればまだましだ」というように逆境にある人との比較によって優越感や安定感を得、落とし穴にはまってしまう可能性すらある。さらに最近では、「布教において妙好人を語ると特定の生き方を強いることになる」との意見も出されているという。

だが、そんな理屈とは全く別の次元において、私にとって物語とのであいは実に鮮烈であった。いや、私だけではない。お軽の純朴ともいえる法悦の姿が、同じ苦悩に喘ぐ日系移民の念仏者たちの魂に共振したからこそ、苦界を生きる力が湧いてきたのではないか。妙好人の存在には、かつて児玉識が「力強さ」を看取したように、まちがいなく現世を生きぬく支えとなりうる何かが秘められているのだ。

本書では、そうした妙好人の魅力に、光を当てたいと思う。最初に「妙好人」ということばの原義を尋ねてみる。そのことばに込められた意味は何か、他力信心のあり方に加えて、弥陀の本願の正客がどんな人々であったかを念頭において述べていこう。そして、妙好人が世に知られるようになった背景にはいずれも、その透徹した宗教性や素朴な生き方に強い衝撃を受けた学者たちの存在があったのではないか。妙好人にであった何人かの学究を取りあげてみたい。

なぜ妙好人は、仏教の長い歴史の中の日本の浄土真宗だけで誕生したのであろうか。仏教の歴史をひもとくと、大衆から遊離した無味乾燥な哲学に変質してしまう危険性と、それを反省しあくまで大衆の中に根をはろうとする方向性という、二者の相剋がうかがえると思う。特に、顕著な形で在家の仏道が成熟した日本仏教の歩みを辿り、近世の浄土真宗で妙好人が生まれた背景について考えていくのが第二章である。

市井に生きる在家者である妙好人たちは、どのような場で仏法にであい、念仏申す身に育てられたのであろうか。彼等や彼女たちは、文字化されたテキストに接したわけではなく、また専門の教育機関において勉学したのでもない。法座という聴聞の場に足しげく通い、何度も何度もみ教えを聞きぬいていったのだ。その結果、妙好人の仏教への向きあい方は、それを単なる知識として理解するよりも、教えが五臓六腑にしみわたるまでに身体化、生活化されていたといえる。第三章においては、その布教とは一体どんなものだったのか、妙好人を培った唱導の特色について、布教の歴史をひもときながら明らかにしてみよう。

第四章では、何人かの妙好人たちを紹介し、伝えられた人物像と生涯の歩みを訪ねてみよう。広く知られているように、近世の『妙好人伝』に採録された人物の数は、百五十七名に及ぶ。それ以降、妙好人という範疇で括れる念仏者は、何人も輩出されていく。また、縁なくしてその言行が歴史の闇に埋もれてしまった念仏行者も、多数いたようである。今も浄土真宗の盛んな地域では、知られざる妙好人の逸話を耳にすることが多い。

最後の第五章においては、時代状況や境遇そして個人の性格の違いを超えた、妙好人の生き方に通底するいくつかの特質を抽出し、その意義について考えてみたい。むろん体系的な著作を遺した学僧たちとちがい、妙好人には「構築された仏教思想」を端的に具現化するような作品は存在しない。だが、妙好人たちは、世俗に浸かりきった日暮しの中で、血となり肉となった仏教の神髄を体現し、それを大輪の花と開かせていったのではないだろうか。これこそ、生活の中で構築された仏教思想といい得ると思う。

## 2　妙好人ということばとそのひろがり

妙好人ということばの淵源に関しては、善導（六一三―八一）が『観無量寿経』（観経）流通分《るずうぶん》にある「分陀利華《ふんだりけ》」（浄土真宗聖典註釈版一一七頁）を註釈した『観経疏』散善義の以下の文に基づく。

「分陀利」といふは、人中の好華と名づけ、また希有華《けうけ》と名づけ、また人中の上上華と名づけ、また人中の妙好華と名づく。この華相伝して蔡華《さいけ》と名づくるはこれなり。もし念仏するものはすなはちこれ人中の好人なり、人中の妙好人なり、人中の上上人なり、人中の希有人なり、人中の最勝人なり。（浄土真宗聖典七祖篇四九九―五〇〇頁）

そもそも「分陀利華」とは、ヒマラヤ山中にあるという阿耨《あのく》達池《たっち》に咲く純白の蓮華をさし、インドではしばしばすぐれたものの譬えとして用いられるという。『観経』においてはそれを、観音勢至の勝れた友となり、浄土に生まれゆく念仏者への尊称として使っている。善導は、この花を褒めたたえる五つの称の一つとして「妙好華」をあげ、それに譬えられるような念仏者を「妙好人」（妙に好ましい人）と呼んでいるのだ。

では、何故に念仏者は、白蓮華に譬えられるのであろうか。曇鸞（四七六―五四二）の『往生論註』には、

「淤泥華《おでいけ》」といふは、『経』（維摩経）に、「高原の陸地《ろくじ》には蓮華を生ぜず。卑湿《ひしゅう》の淤泥にすなわち蓮華を生ず」とのたまへり。これは凡夫、煩悩の泥のなかにありて、菩薩のために開導せられて、よく仏の正覚の華を生ずるに喩《たと》ふ。（七祖篇一三七頁）

と『維摩経』の一節を引き、湿った泥の中から咲く蓮華に、煩悩を抱えながら美しい正覚の華を開かせる凡夫の姿を重ね合わせて表現している。つまり、念仏の行者が妙好人と褒めたたえられる意味合いは、世俗を離れ煩悩を消去して清浄な悟りを開くのではなくて、あくまで煩悩だらけの濁世に生きながら決してその中に埋没せず、念仏の生活によって純真無垢な仏の悟りの境地を恵まれる点にあるといえようか。

親鸞（一一七三―一二六三）も、『教行信証』「証巻」（註釈版三一九頁）に曇鸞のこの文を引用している。また、『入出二門偈』にも、「煩悩を具足せる凡夫人、仏願力によりて信を獲得《ぎゃくとく》す。この人はすなはち凡数《ぼんじゅ》の摂《しょう》にあらず、これは人中の分陀利華なり。この信は最勝希

有人なり、この信は妙好上上人なり。」（註釈版五五〇頁）と讃嘆する。

また、『末灯鈔』第二通には、

この信心の人を真の仏弟子といへり。この人を正念に住する人とす。この人は〔阿弥陀仏〕摂取して捨てたまはざれば、金剛心をえたる人と申すなり。この人を「上上人とも、好人とも、妙好人とも、最勝人とも、希有人とも申す」（散善義・意）なり。この人は正定聚《しょうじょうじゅ》の位に定まれるなりとしるべし。しかれば弥勒仏とひとしき人とのたまへり。これは真実信心をえたるゆゑにかならず真実の報土に往生するなりとしるべし。

（註釈版七四八頁）

とあり、親鸞は、善導の用いた嘉誉《かよ》をして、「真の仏弟子」「正念に住する」「金剛心をえたる人」「正定聚」「弥勒仏とひとしき人」「かならず報土に往生」する人という現生における念仏行者への最大限の讃辞の根拠としているのだ。この他親鸞は、『教行信証』「信巻」（註釈版二六二頁）、『愚禿鈔』巻下（同五三九頁）、『一念多念証文』（同六八二頁）にも、善導の五嘉誉を引いている。林智康によれば、親鸞が善導の用いた五つの嘉誉を用いる際には、必ず信（信心）の語が示されている、という。

そのような妙好人ということばが、実際に生きた人物像を媒介として喧伝されたのは、四十四歳で石見国市木の本願寺派の名刹・淨泉寺（島根県邑智郡邑南町市木）住職となった仰誓（一七二一—九四）による『親聞《しんもん》妙好人伝』編纂以降である。龍口明生は、『親聞妙好人伝』と仰誓が市木入寺後に編んだ『妙好人伝』を資料として駆使し、彼の妙好人観を分析した。そこには「正信念仏者であり、且たとえ如何なる悪条件下にあろうとも常に仏恩報謝の念仏を称することが出来る者」の二点がうかがえるという。前者は善導の定義に基づく広義の解釈であり、ありとあらゆる念仏者を妙好人と呼びうる可能性を開くといえよう。それに対して後者は、曇鸞による煩悩の存在を強調する立場を継承する狭義の捉え方で、念仏を喜ぶに困難な状況にある人こそ白蓮華にふさわしいという認識を生むのではなかろうか。

その後、淨泉寺学寮に在籍した伊予国克譲《こくじょう》（一七八七—一八六五）は、『新続妙好人伝』二巻を編集しているが、出版には至っていない。そこに収められている話は、豊前国光林寺（本願寺派・福岡県築上郡上毛町）祥瑞（一七六七—一八四一）の序に「貴賤」や「緇素《しそ》」を超え（大系真宗史料伝記編八『妙好人伝』七六頁）とあるように、坊守や寺族の伝が多い、という。実際に『妙好人伝』が活字化されたのは、美濃国の本願寺派専精寺（岐阜県不破郡垂井町）僧純《そうじゅん》（一七九一—一八七二）の手になる刊行を待たねばならない。僧純は一八四二（天保十三）年仰誓の『妙好人伝』二冊を「初篇」として再編出版したのを皮切りに、翌年から一八五八（安政五）年までに第二篇から第五篇まで合計五回の『妙好人伝』を発刊していく。一方、「蝦夷」松前の大谷派専念寺（北海道松前郡松前町唐津）の象王《ぞうおう》は、一八五一（嘉永四）年に『続妙好人伝』を出版している。今日まで永田文昌堂から『妙好人伝』として版を重ねているのは、これら三人の編者の手になる六篇をまとめたものである。

土井順一（一九四七―二〇〇一）は、僧純によって仰誓の『妙好人伝』が愛山護法・本山崇敬・国法遵守の方向に変質させられたとし、その背景には当時の西本願寺教団の財政再建のための懇志上納推進という時代的要請があったと推定している。さらに菊藤明道は、象王の事績を解明し、松前の他宗寺院の影響からか特に初版には非真宗的話が多い一方、教団の中枢部で活躍した僧純にくらべ、体制順応を強調する側面はめだたないとされた。

明治に入ってからも、出版文化の広がりと相まって、一八八三（明治十六）年、若原観幢『真宗明治妙好人伝』、一八八六・九一（明治十九・二十四）年、平松理英『教海美譚』、一八九八・九九（明治三十一・三十二）年、濱口恵璋『新妙好人伝』などの近代初頭の妙好人伝に続いて、一九二二（大正十一）年、藤永清徹『大正新撰新妙好人伝』、一九三六―四一（昭和十一―十六）年、富士川游『新選妙好人伝』、一九四七（昭和二十二）年、藤秀璻《しゅうすい》『純情の人々・新選妙好人伝』のような著名な念仏行者の伝記類が数多く世に出るにいたった。こうして、妙好人の存在が普く知られるようになったけれども、今後はそれぞれの編者がイメージしたところの妙好人像に関しても、詳細な検討がなされるべきであろう。

妙好人とは、広く善導による五嘉誉の一と捉えれば、全念仏者への讃称となる。教義的にも、弥陀の本願の対象は「十方の衆生」（註釈版一八頁）「あらゆる衆生」（同四一頁）と、すべての命のうえに及ぶ。「一切善悪の凡夫人、如来の弘誓願を聞信すれば、仏、広大勝解のひととのたまへり。この人を分陀利華と名づく。」（註釈版二〇四頁）という人口に膾炙する『正信偈』の一節には、すべての命を救いたいとの如来の願いを聞き、疑いなく受け入れたときに、あらゆる人々は妙好人と褒めたたえられるのだ、と教えている。親鸞のいう「真実信心」とは、自らの知識や才覚で起こす心ではなく、如来の真実に催されて起こるはたらきである。これを「他力の信」という。この如来より賜った信心は、自分で固めた心ではないから、誰のうえにも平等にはたらき、至り届いているのだ。

## 3　他力信心の普遍性・誰にでも届く救済

　親鸞の伝記である『御伝鈔』巻上第七段には、彼が法然（一一三三―一二一二）門下で学んでいた時代に「師匠の信心と自分の信心は少しも変わらずひとつである」と発言し、弟子仲間から非難され、思いもよらない論争になった場面が描かれている。そのとき法然は「信心のかはると申すは、自力の信にとりてのことなり。すなはち智慧各別なるゆゑに信また各別なり。他力の信心は、善悪の凡夫ともに仏のかたよりたまはる信心なれば、源空が信心も善信房の信心も、さらにかはるべからず。ただひとつなり。わがかしこくて信ずるにあらず、信心のかはりあうておはしまさんひとびとは、わがまゐらん浄土へはよもまゐりたまはじ。よくよくこころえらるべきことなり」（註釈版一〇五一頁）と諭したという。

このエピソードには、自力の信心と如来から賜った他力の信との関係性が如実に伝えられている。それゆえ、あらゆる念仏の行者が、善悪や僧俗の別・学問の有無・地位や財産の差異などを超えて、同じ救いにあうことができるのだ。梯《かけはし》實圓（一九二七―二〇一四）は、浄土真宗に無数の妙好人が輩出するのは、「在俗の信者の信心と、祖師の信心が全く一つであるから、同じ浄土へ往生し、同じさとりを得させて頂くと言い切られたのが、法然聖人であり親鸞聖人だった」からだと述べている。

## 4　凡夫こそ救いのめあて

一方、今日妙好人として語り伝えられている比率は、圧倒的に在俗の民衆が多い。先に触れたように、これは、『維摩経』を引いて煩悩の泥中に生きる凡夫救済の道を示した曇鸞の教えに淵源する。親鸞自身も『入出二門偈』の末尾に、「煩悩を具足せる凡夫人」の信こそ「妙好上人」だという。むろん本願の普遍性には何の区別もないけれども、清浄な環境で修行できる聖者たちよりも、厳しい環境で日々の生活に追われ、容易に煩悩から離れられない市井に生きる凡夫こそ、究極の救いのめあてではなかったか。

親鸞は、『唯信鈔文意』において「能令瓦礫《がりやく》変成金」を次のように解釈する。

かはら、つぶてをこがねにかへなさしめんがごとしとたとへたまへるなり。れふし・あき人、さまざまのものは、みな、いし・かはら・つぶてのごとくなるわれらなり。如来の御ちかひをふたごころなく信楽《しんぎょう》すれば、摂取のひかりのなかにをさめとられまゐらせて、かならず大涅槃のさとりをひらかしめたまふは、すなはちれふし、あき人などは、いし・かはら・つぶてなんどを、よくこがねとなさしめんがごとしとたとへたまへるなり。（註釈版七〇八頁）

瓦礫を黄金に変えるという譬喩は、殺生を生業とせずには生活できないと排斥された「れふし」、人をだますと非難されていた「あき人」などが、本願を二心なく信受すれば最高なる悟りに到達できることを説明しているという。この「屠沽《とこ》の下類」・「いし・かはら・つぶて」とされた人々こそ、当時の社会で理不尽な差別を受けた存在であり、親鸞はそうした人々を排除するのではなく、「われらなり」とそこに自身の立ち位置を定めているのだ。

また、よく知られる『歎異抄』第三条（註釈版八三三頁）の「悪人正機」説に関しても、自らの罪悪性にめざめた人を救済の正客とする宗教的解釈がなされてきた。もちろんその通りであるが、歴史学的に見直すと、中世の「悪人」という語には差別的意味合いが込められていたのだ。河田光夫（一九三八―九三）は、親鸞の悪人正機説について、「社会的差別とそれを助長してきた宗教的差別をもろともに転倒させ」「悪人の絶対優位を説く」と位置づけ、親鸞教団を支えた被差別民たちの姿を描きだした。ここにこそ、釈徹宗のいう「弱者のための仏道、愚者のための仏道」たる浄土仏教の真面目がうかがえるであろう。そして元来、煩悩の湿泥の中に無垢なる悟りを開花させる妙好人ということばの原義も、ここにあったといえようか。妙好人とは、「弱者」「愚者」をめあてとする弥陀の本願の実在性を証明する存在に他ならない。

## 5　妙好人に魅せられた学者たち・仰誓、鈴木大拙、柳宗悦、朝枝善照

ところで、市井に生きた妙好人たちの言動が後世に伝えられるきっかけとしては、妙好人にであいその宗教性や生き方に共振した学者たちの果たした役割を無視できない。その学者たちの歩みは、それぞれの時代の妙好人研究や評価ともかかわるので、少しく辿っておこう。

念仏者たちの行状を記録しそれを妙好人伝にまとめたのは、仰誓をもって嚆矢とする。仰誓は、一七二一（享保六）年、京都高辻西洞院に生まれ、一七二九（享保十四）年に父寂便（一七〇三?―四四）の住する京都の本願寺派明覚寺（京都市下京区平野町）に入り、父から三部経句読の手ほどきを受け始めたという。三年後に剃髪して祇円と名のった。明覚寺十

世寂便は、蓮如（一四一五―九九）の末裔の一人で、一七三九（元文四）年の本願寺十五世住如（一六七三―一七三九）の葬儀で式全般を統括する会《え》奉行《ぶぎょう》を務め、十六世湛如（一七一六―四一）の信任厚く、第四代能化職《のうけしょく》の法霖（一六九三―一七四一）とも係わりがあったとされる。

しかし、湛如は在職僅か三年にして遷化、ほどなく法霖も突然に示寂した。本山の法灯は、湛如の弟である静如（一七二二―九六）が継承する方向に進んだが、種々の軋轢があり一七四三（寛保三）年に隠退。急遽河内国顕証寺（本願寺派・大阪府八尾市久宝寺町）より十七世宗主として法如（一七〇七―八九）を迎えることとなる。祇円は、父の寂便と共に、身近にそうした激動の顚末を見聞したわけである。ちょうどその年、彼は名を仰誓と改め、伊賀上野本願寺派・明覚寺（三重県上野市中町）住職に就任した。そして、翌年には師父寂便を喪い、改めて法霖の門弟である僧樸（一七一九―六二）に教えを乞うこととなったようである。仰誓は、若き日より学殖豊かで、一七四八（寛延元）年には『三帖和讃触象記』を著した。特に聞くところを漏れなく記録する能力にたけ、「聞書第一」と讃えられ、また「殊に講話に長じ」ていたともいわれている。

そんな彼は、一七四九（寛延二）年大和の清九郎（一六八〇―一七五〇　朝枝説）篤信のうわさを聞き及び、二度吉野を訪れ対面を果たしている。清九郎にであった仰誓は、「歓喜ノ泪ニムセビ」「吾身ノ浅マシキコトモ実に思ヒ知」らされたという。また「世間ノ人ハ、吉野ノ花ヲ詠《なが》メントテ、ハル〳〵至ル人ハ多ケレトモ、我々ハイカナル仏祖ノ御引合ニヤ、信者ノ花盛リヲヨメントテ、吉野ノ奥に下リシハ、マコトニ不可思議ノ因縁ナリ。」（『親聞妙好人伝』和州清九郎伝・大系真宗史料八・一一―一二頁）と深い感慨を吐露していく。

つまり、若き学僧の仰誓にとって、劣悪な環境にありながら日暮しの中で仏法をよろこぶ清九郎の姿は、強烈な印象を与えたにちがいない。仰誓は、数ある清九郎の逸話の中で自分が見聞したいくつかのできごとを、断片的に書き付けている。『親聞妙好人伝』清九郎伝は、①人となり、②入信に関する鶯の話、③本山へ薪を上納、④隠居と仰誓自身との出会い、⑤見聞した行状紹介、⑥宗主との対面とその印象、⑦玉譚との越中旅行、⑧越中旅行の感想、⑨盗難をよろこぶ、⑩老母を背負っての本山参り、⑪剃髪入道、⑫臨終の様子と讃辞、に区分できるようである。

それらの逸話の中で仰誓が自らの感慨を記しているのは、⑥⑧である。大和を訪れた大谷派十七世宗主真如（一六八二―一七四四）から直接ことばをかけられた感想を求められた清九郎は、「ナルホト難有《ありがたく》嬉クハ候ヘトモ、是ヨリ他ニマタ難有コトノ候也。ソノユヘハ、カヽル悪人ノ一念帰命ノ信心ヒトツニテ助玉フ如来ノ御恩ハ、タトヘンカタナク難有シ。此ユヘニ、ソレニ比校《あわせ》テミレハ、御門跡様ノ御言ハサホトニナキ也」（同一三頁）と答えたという。清九郎にとっては、門跡の権威より本願にであえたことこそが、最大のよろこびであったのだ。仰誓は、この清九郎の姿勢に共感し「ソノ甚々ノ意味可知《しるべし》」（同一三頁）⑥と結んでいる。先に述べたように、本願寺派宗主一門に連なる者として、実に複雑で困難な継承問題の渦中に身を置いた仰誓にとって、この清九郎のことばは強い衝撃を与えたのではないか。

さらに⑧では、仰誓自身が清九郎に向かって、昨年の越中への旅においては「サゾ先々有難キ同行ニモ出合ヒ玉フラン。」と質問したところ、清九郎は「何方《いずかた》モ御繁盛ニテ難有候カ、越中ノ衆ヨリモ、先ツ私カ難有候ヒシ」と返答したのだ。「コノ一言マコトニ肝ニ銘シケリ。拙僧ナトハ、タヽ他人ノマメヤカニ信スルヲミテウレシカル心ナルユヘ、余所《よそ》ノ繁盛ノコトノミヲ喜テ、我ガ身ノ上ノコトハ心付サル也。コノ男ハ隣ノ宝ヲカソヘス。タヽ何ニツケテモ自身ノ往生ヲ喜フコト、マコトニアリガタキコト也。」(同一五頁)と、仰誓は素直に告白していく。このとき仰誓は、他者ばかりを論評しがちな学問の限界について、清九郎から教えられたのではないだろうか。仰誓が大和の清九郎と邂逅《かいこう》した経験こそが、市井の念仏者の逸話を採集する契機となったようであり、『妙好人伝』編纂の原動力となったといえるであろう。一方で龍口は、仰誓『妙好人伝』編纂の発端を、一七四七(延享四)年の僧樸法語との関係性において論じている。

その後仰誓は、この清九郎伝を中心にして近畿圏九名と常陸一名の計十名の伝をまとめた『親聞妙好人伝』一巻本を一七五三(宝暦三)年に完成させた。そして一七六四(明和元)年には、当時長門から安芸そして石見に広がっていた円空(?—一七六〇)による正定聚即滅度を説く異義を勧誡するために、門徒の強い要請を受けた本山の命により、無住となっていた芸石の拠点寺院である石州市木浄泉寺に十一世住職として赴任した。石見に入寺した仰誓は、妙好人の言行録の編纂を継続し、『親聞妙好人伝』に続き、二十六名の念仏者の物語を記した『妙好人伝』を書きあげている。つまり伊賀上野時代の十話を上巻とし、石見で編述した二十六話を下巻とする二巻本が生まれたのだ。それらはなぜか出版されることなく、僅かな門人の間などでの書写を通じて流布していった。

仰誓の編んだ三十六名の妙好人像に関しては、他宗教や真宗以外の宗派からの廻心や、放蕩乱行生活への反省を強調する話が多い。また、幼いこどもに導かれての入信譚も少なくない。さらに現世の苦境を、前世からの「業」の結果とあきらめるような三世因果応報説もうかがえる。土井は、仰誓の『妙好人伝』撰述には「真宗の行信を推進するための手引として」の意味があったという。土井のいうように、僧純の版本から比べると極端な本山崇敬や徹底した国法遵守の話が少ないのは、まちがいないようである。

そうした特色の他に、石見撰述の下巻にある「石見石橋寿閑女」と「安芸松田逸全」という二つの物語に注目したい。この二人には、本を読み相当の学識があり、かつ医師であるという共通性がうかがえる。寿閑は「地獄極楽ナト云ハ、坊主ノ銭取ニイフコト、読書シテ医術ヲモ行フ者ノトリアフモノカハ」（同七一頁）と大言壮語し、逸全も「少々書ヲヨミ、儒学ニ志シテ大ニ仏法ヲ誹」（同七四頁）っていたが、どちらも愛児を亡くす逆縁に遭い、その臨終のことばに導かれて念仏者に育てられていくのだ。このように両説話は、同じ構成を持っている。あるいは仰誓は、これらの物語を通じて、合理性を追い求める学解の世界に対し一石を投じたい意図を有していたのではないだろうか。大和の清九郎に巡り合って以来、仰誓は世俗に生きる純朴な念仏行者の姿を通じて、学問の限界を描きたかったのかもしれない。

明治以降、欧米の合理的実証主義に基づく日本仏教研究は大きく進展したけれども、児玉識のいうように「民衆史を極端に見下していた皇国史観の強い影響下にあった研究」が主流であったためか、「戦前・戦中の研究者は、ごく一部を除いて、『妙好人伝』の存在は知りつつも、長い間、これに注目することはなかった」ようである。

世界的な禅学者として名高い鈴木大拙（一八七〇―一九六六）は、戦中から戦後にかけて、浄土仏教や妙好人に関するいくつかの著作を発表した。一九四二（昭和十七）年『浄土系思想論』では、とかく対極に位置すると思われる禅思想と浄土仏教（特に浄土真宗）に通底する大乗仏教としての本質を論じており、妙好人研究の序章と位置づけられている。翌年の『宗教経験の事実』において「宗教的体験は、宗教の本体を形成する最も重要なる要素」であると考え、妙好人庄松《しょうま》（一七九九―一八七一）の他力的宗教経験と自らの禅的宗教体験を重ね合わせて捉えていく。一九四四（昭和十九）年の敗戦直前の時期に出版された『日本的霊性』では、浅原才市《さいち》（一八五〇―一九三二）こそ鎌倉時代に禅や浄土教によって確立された日本的霊性の体現者として評価する。戦後の一九四七（昭和二十二）年に出された『仏教の大意』では庄松の宗教心について述べ、翌年には才市の信仰内容を論じた『妙好人』を世に送り出している。

　永年鈴木に学んだ古田紹欽（一九一一―二〇〇一）は、鈴木の描く庄松は「禅者に通じる」「信仰の鋭角性があり」、才市には「信仰の受動性が自受用法楽《じじゅゆうほうらく》の歓喜としてうちに満ちている」という。菊藤は、鈴木とその一門の人たちの妙好人研究の軌跡を詳細に跡づけた。それによれば、鈴木と浄土真宗との関わりは、出身地金沢の宗教的風土・母の感化・大谷大学への奉職、さらには門弟で真宗寺院出身の楠恭（一九一五―二〇〇〇）の存在も大きく影響しているようである。鈴木は近世の『妙好人伝』に収められた人々よりも、庄松や才市のような直接の言動をうかがえる妙好人たちに注目した。

　そして、「庄松の信仰体験を、単なる田舎人のもので、知識人の間では、もてはやすだけの値打ちはないと云う人もあろう。これは大いなる誤りである。彼の信仰の内には実に雄大な思想がある。」と、高い評価を与えていく。ここにいう「雄大な思想」とは、「今日の日本をして世界的に重きをなさしめる」ものであり、それはあらゆる対立・抗争・闘争・戦争をもたらす「二元論的境地を超絶し」た「霊性的自覚」に他ならないとする。鈴木の問題意識には、悲惨な戦争を体験した彼の、日本の再建と世界平和への熱い思いが込められていたことになる。

菊藤は、それを若き日に釈宗演（一八六〇―一九一九）から受けた影響であるという。すなわち、鈴木は、戦争や対立相剋へとつながる人間の分別智による相対的世界を超絶した、事々無碍の霊性の覚醒を妙好人の中に見出したからこそ、激動のこの時期にこれだけ多くの論著を発表したとすべきであろう。その一方で鈴木の戦前戦中と戦後の論調に変節を看取し、その戦争責任を問う立場もあり、それへの反批判もなされている。また近年、日本的霊性と現代霊性論とを比較した議論も出された。

さらに鈴木は、妙好人の社会性の希薄さや、受動的人物が多いことも認めているので、その妙好人評価は決して礼賛一辺倒ではない。だがこれらの問題を踏まえてもなお、世界的宗教学者による度重なる妙好人を評価する発信の影響は極めて大きかった。そこにうかがえるのは、世界的学者の発言に促されて、改めて身近なものの価値に気づくという、日本文化史によく見られるパターンであろう。

若き日に鈴木から英語を習って以来交流を続けた柳宗悦《むねよし》（一八八九―一九六一）は、戦後になって数多くの妙好人に関する作品を発表した。特に一九四九（昭和二十四）年には、足利源左（一八四二―一九三〇）の故郷鳥取市青谷町山根に滞在し彼の言行を聞き取り、翌年『妙好人因幡の源左』を上梓している。柳といえば、それまでの美術史学者が見向きもしなかった各地の無名の工人たちの生み出した日用雑器の美しさに気づき、当時日本の植民地であった朝鮮の工芸品に価値を見出し、それら民衆的工芸を「民藝」と命名し世に紹介した運動の創始者として名高い。柳の民衆観は実態とずれているとの指摘もあるが、「民」の価値を評価する立場は戦争を経ても変化していないのだ。柳が何故この時期になって妙好人の存在を広く発信させたかについては、何よりも鈴木の影響が大きいことはいうまでもない。

中見眞理は、①究極の悪人正機を説く絶対他力の教えを具現化する妙好人には日本が世界に貢献することの出来る文化的価値があると捉え、②真宗において民と信との結縁が妙好人を生みだし、民藝においては民と美の結びつきがすぐれた工芸品を生んだと考え、③禅と念仏の双方には、一切の執着から離れて自在心を得るという共通の到達点がある、という三点を、柳の妙好人研究の背景として指摘した。とりわけ②に関して柳は、『無量寿経』第四願に説かれる「無有好醜《むうこうしゅ》」の誓い（註釈版一六頁）の中に、人間の好き嫌いという分別を超えた不二なる「美の法門」の存在を看取している。

さらに、何故に浄土真宗が民衆の中に浸透し、妙好人を育んだかを解明する示唆も用意していたのだ。彼は浄土門をして知の法門である禅と対峙させ、情の仏道「情土門」であると規定する。そして、真宗の説教について、立派な信仰者である説教家が自身の信仰内容を理路整然と学問的合理的に語るプロテスタントの布教と対比しつつ、その特質を述べていく。すなわち、異安心《いあんじん》の発生を恐れる真宗教団では、一人よがりに走りがちな個人的解釈よりも、普遍的な救いの法をまちがいなく取り次ぐことが重視されたのだ。その結果、説教の固定的型が重視されていく、という。

柳は、「プロテスタントでは説教者が偉い話し手となるが、真宗の方では信徒が偉い聴手だ」という。果たして妙好人たちの聴聞した真宗説教のすべてが、自己の信仰や体験を語らない布教であったかどうかは即断できないけれども、同じ話を繰り返し聞き続けた聴聞の姿勢が妙好人につながったとの指摘は興味深い。

それに加えて、彼は「真宗の説教は、話が高潮してくると、いつも韻律をおびて来て、節附けになる」点に着目する。

真宗の説教場は、ただ納得する理屈を聞きに行く場所ではなく、その説教節に自らも乗り、感動し感謝し、深く宗教的情緒に浸りに行く場所なのである。教えを「知り」に行く処ではなく、「感じ」に行く所とでもいおうか。この意味ではプロテスタントの教会堂などよりカトリックの会堂で、主として音楽による儀式から受ける宗教的情緒と近似したものがあろう。ただ、真宗ではそれを儀式ではなく、主として節附説教によって醸し出すのである。（中略）説教はいつも信者の感嘆の声、即ち「なむあみだぶつ」の声で受け採られるのである。特に説教が節附になって高潮してくれば、これに向って称名の声は雨と注がれるのである。（中略）実に真宗の信仰は、かかる雰囲気によって育てられることが多い。今の若い批評家たちは、こういう節附の説教や、称名がほとばしる聞き方などを、古い形であって、近代にそぐわぬと主張することも多く、これにも一理あると思うが、しかし知的批判で説いたり聞いたりするようになるとおそらく、（中略）妙好人などはあとを断つに至るのではあるまいか。（『柳宗悦妙好人論集』八四―八六頁）

長い引用になってしまったが、ここで柳のいう「節附説教」とは、その後関山和夫（一九二九―二〇一三）によって「節談説教」と呼ばれるようになる芸風説教そのものであることは多言を要しない。だが、柳による浄土真宗布教への真摯な提言を押しつぶしてしまうほどに、「近代化」至上主義は宗門内を席巻してしまい、節談と妙好人との関連性を問う視角自体も一部の研究者に継承されたのみで、妙好人研究史においてほとんど顧みられることはなかった。

そして、この柳の他にも、鈴木の教えを受けた楠恭や佐藤平によって、鈴木の妙好人研究が受け継がれている。さらに近年、鈴木の注目した妙好人の霊性と、オーストリアの哲学者・神秘思想家ルドルフ・シュタイナー（一八六一――一九二五）との類似性を指摘した塚田幸三の論も発表された。

こうした哲学者や思想家による妙好人への着眼に対して、妙好人に対する歴史的評価は、封建遺制克服を課題とする戦後の時代状況に影響されて、総じて批判的論調が支配的であった。家永三郎（一九一三―二〇〇二）は、親鸞が偉大な宗教思想を構築しながら、「実際に履修すべき行として、日々の社会的実践ではなく口称念仏」を選んだことを「躓《つまず》きの石」として認識し、後世の妙好人なる人々が「封建社会の重圧を甘受して歴史の進展に力をつくさうとする積極的意欲の欠けた人間ばかりであった」と述べている。森龍吉（一九一六―一八五）や鈴木宗憲（一九一六―九〇）も、妙好人の信仰的価値を認めつつ、王法優先・体制順応といった限界を看取している。こうした傾向は仏教史学研究者にも及んでいく。柏原祐泉（一九一六―二〇〇二）は、出版された『妙好人伝』六篇をひとまとめに分析し、全篇に封建的治世・倫理への順応や往生物語、特異物語の多いことを論じている。福間光超（一九三三―九七）も、「『妙好人伝』にあらわれる宗教思想の特徴として専修念仏、神祇不拝の立場の他に、王法従順、本山参詣を強調する性格が存する」とし、その信仰構造の問題点を指摘する。

このような状況の中で『妙好人伝』研究に取りくみ始めたのが、朝枝善照（一九四四―二〇〇七）であった。朝枝は仰誓が晩年住持した浄泉寺に生まれ、十九世住職を継承した。その意味で『妙好人伝』と妙好人研究は、「宿縁」でもあったといえる。浄泉寺の教線の及ぶ石見や安芸北部は念仏の土徳篤き地域であり、幼少年期の朝枝は妙好人と称しえるような篤信同行に囲まれていた。さらに浄泉寺の法座に出講した足利浄圓（一八七八―一九六〇）・梅原真隆（一八八五―一九六六）・藤秀璻（一八八五―一九八三）・川上清吉（一八九六―一九五九）などの明師の謦咳に接した経験も大きく影響していると、後に自身で述懐している。だが朝枝にとって妙好人と向き合うのは、決して軽い営みではなかったのだ。

私は、この正蓮寺で帰省された之総《しそう》師に一度お目にかかったことがあります。そのとき私は、小学校の五年生でありました。服部師は、子供の私に対して「歴史の勉強をしなさいよ」と色々とお話しされました。一期一会、このときのお言葉が今も耳の底にのこっています。この一言が私の生涯の方向を決めました。（朝枝善照著作集五・二一八―二一九頁）

ここにある「之総師」とは、正蓮寺（島根県浜田市旭町木田）という浄土真宗本願寺派寺院に生まれながら僧侶への道を進まず、講座派マルクス主義歴史学者として活躍し、親鸞や蓮如についての著作も遺した服部之総（一九〇一―五六）をさす。服部は、朝枝の伯母の夫能美良材（一九〇六―八五）の実兄にあたる。このとき朝枝少年の歴史研究の才能に気づいた服部は、「歴史学者をめざすように」と、自分の母を通じて朝枝の両親に伝言したという。

宗門の学府たる龍谷大学に進学した朝枝は、服部の勧めに従い仏教史学を専攻し、その頃仏教の本来性回復をめざす実践的学風で知られていた二葉憲香（一九一五―九五・令息晃文の指摘により一九一五年誕生と改めた）のもとで研究者としての第一歩を踏み出した。最初のテーマは、古代の国家権力に従属した仏教から離脱し、自律的教団を確立した最澄（七六七—八二二）であった。そして二葉が考えるような国家と対峙する思想こそ本来の仏教であると捉える観点に立てば、妙好人は封建体制内に埋没した存在でしかなく、決して高く評価できなかったといいえよう。実際、指導教授の二葉は、朝枝が妙好人研究に深入りすることを心配していた、と後日朝枝のご遺族から伺った。

そんな折しも国文学専門の土井によって浄泉寺文庫の史料調査が開始され、今までの『妙好人伝』成立に関する定説を覆すような写本の発見が相次いだ。朝枝は、未発表の浄泉寺所蔵資料を紹介駆使して、物語蒐集の経緯や仰誓・履善（一七四五—一八一九）の立場そして石州学派の伝道などに関する地道な基礎研究を完成させている（『妙好人伝基礎研究』正・続）。今、改めてその「緒言」をひもとくと、以下の一節に気づく。「日本の近世の末期における体制の動揺は、どのような普遍的思想を出現させたのであろうか。それはまた、超歴史的信の歴史的展開と換言できる問題である。私は、このような関心を持ちながらも、本書に於いては、『妙好人伝』を史料として、その実証的な課題の究明に終始した」（著作集二・二頁）という一九八二（昭和五十七）年段階での発言からは、『妙好人伝』や妙好人に対する歴史的評価を保留している姿勢がうかがえよう。その背景には、版本を一括して扱いテキストクリティーク（史料の比較考証）を経ない安易な論調に対しては違和感を覚えつつも、やはり実践的な仏教史学の学究の立場からは妙好人への積極的評価もできない、朝枝の微妙な立ち位置が関係していたといいえようか。

時を同じくして朝枝は、従来市井の真宗篤信者に限定されてきた妙好人の概念をして、近代の思想家まで含めた「宗教的閃きのある人」へと拡大せしめ、「生活型と思想家型」に分類している。そして「思想家型」の中には、親鸞探究者としての三木清（一八九七―一九四五）・服部之総・家永三郎や真摯な研究者としての二葉憲香、ハワイでの伝道に貢献したアルフレッド・ブルーム（一九二六―二〇一七）などを含めている。あるいは朝枝の胸中には、それまで妙好人に対して発せられてきた封建的であるとの批判を克服すべく、近代的知性を備えた新たな妙好人像を構築する意図があったのかもしれない。私は当時大学院生として朝枝の指導を受けていたが、先生は幾度ともなく「妙好人の存在を正しく伝えていくのは、歴代浄泉寺住職の責務だ」とおっしゃっておられた。

そして、その後の朝枝の妙好人への関心は、自ら学んだ明師を思想家型妙好人として位置づける営みとともに、斎藤政二《まさじ》（一九一九―八四）など自坊周辺に生きた生活型妙好人としての念仏者や才市・善太郎（一七八二―一八五六）の新資料の発掘に注がれていった。病床に臥す身となった最晩年の朝枝は、

仏教やお念仏について、経典や研究書を通じて学んで、それなりに、生命とか、生きるということについて、自分では、理解しているような気持ちになっています。（中略）やはり、宗教、仏教は学問ではなく、知識というよりも、生き方という根元のところか

ら取りくまぬとわからないものだなと、つくづく思います。（中略）お念仏の世界、お慈悲の世界も、学問研究と違う、法悦、あるいは、凡夫が如来にひしとすがる心、人間の力の限りを超えた大悲の心に全てをおまかせするところからはじまるものでしょう。

（「お慈悲の世界に気づくとき」『よろこび』二〇〇六年お盆号五頁）

と、学問の限界と宗教的めざめの大切さを素直なことばで吐露していく。それは、この時期に病室を訪ねた私に向かい、「お念仏一つですな」とつぶやかれたひとこととも相通じると受け止めている。また朝枝は、研究を志す親族の一人である能美潤史に向かい、日頃から「真宗学の勉強の調子はどうか？」と学問へのたゆまぬ精進を願い激励し続けていた。だが、その死の直前、「潤史君、お念仏はいただけたか？」と問いかけ、「如来様からの声に素直に頷かせていただくだけなんだよ」と語ったという（『ひかりのかたち』五八頁）。

著書四十六冊・学術論文百十編あまり、一般向けに書かれたエッセーまで含めると六百近い作品を遺した篤学の研究者が、自らの命の終焉を凝視しつつ最後に到達した心境は、合理的客観的な理解に基づく近代的知性の限界を超えたお念仏の世界であったのだ。今、三十年お育て頂いた恩師の生涯について軽々に論評するべきかどうか、正直躊躇する気持ちが大きかった。だが、身近にいた不肖の弟子だからこそ知りうることもあり、また六十歳を迎えた私自身も、あとどれだけ生きられるかわからない。そこで今回、ご遺族の了解を頂き、あえて私の思い出の一部も記させていただいた。

妙好人たちの純朴な姿は、通常その対極に位置するとされがちな学者たちに、大きな衝撃と感動を喚起した。仰誓は清九郎の奇抜と思える言行の中に他力信心の閃きを感じたからこそ、『妙好人伝』の編纂を思い立った。禅者鈴木大拙も庄松・才市をして日本的霊性の発露と評価せしめ、さらに民藝運動の創始者柳宗悦に至っては妙好人を好醜の別を超絶した本源・一如・不二の美の体現者と捉えている。妙好人を育んだ真宗原風景の中で成長し近代歴史学の妙好人批判の渦中に身を置いた朝枝善照は、さまざまな念仏者との出会いを経験する内に、学問の限界に気づきお念仏の世界へと逢着していったのだ。このような学者を惹きつけたあり方こそ、妙好人が生活の中で構築した仏教思想の本質を示唆している。

# 第二章

# 仏教史の中の妙好人

## 1　大乗仏教・出家できない人々の救い

ところで、なぜ妙好人は、日本の浄土仏教、わけても浄土真宗においてのみ誕生したのであろうか。もとより、妙好人を「純情の人々」（藤秀璻）や「宗教的閃きのある人」（朝枝善照）のように広義に捉えた場合、あらゆる宗教における妙好人輩出の可能性を想定しなければならない。しかし、『維摩経』を引き煩悩に満ち溢れた俗世を生きぬく念仏者のみを妙好人とする曇鸞の解釈に依拠する限り、日本の浄土仏教とりわけ浄土真宗こそが妙好人を育んだ培養基ではなかったか。妙好人の存在を、仏教史に位置づけてみたい。

宇宙・世界の普遍的真理にめざめたブッダ（紀元前五世紀―四世紀）は、「生まれによって「バラモン」となるのではない。生まれによって「バラモンならざる者」になるのではない。行為によって「バラモン」なのである。行為によって「バラモンならざる者」なのである。」（『スッタニパータ』六五〇・中村元訳『ブッダのことば』一四九頁）と述べ、それ以前の厳しい身分差別を否定した。実際、サンガには女性や当時卑賤視されていた階層の人々の入門も、わけへだてなく許されたのだ。つまりブッダ在世中の教団では、彼の人格を慕って諸方から集まってきた人々を、出家在家の区別なく「教えをきく人（śrāvaka）」として対等に扱ったという。

だが、とらわれの温床となるあらゆる世俗の関係性を断ち切る出家によってのみ、人々は悟りに到達できるという原則に従う限り、出家修行者と在家信者の間には、幾許かの上下関係が発生せざるをえない。つまり在家者は、教団構成員である「七衆」の一角に「優婆塞《うばそく》・優婆夷《うばい》（upāsaka・upāsikā）」として位置づけられていくが、そのことばが「近事」と漢訳されたように、在家者の地位は、出家者に仕えその悟りをめざす修行を支える存在へと低下していったのではないか。在家者に対しては輪廻から解脱する道は閉ざされ、善行を積んで六道の最高位である天界に生まれ変わることのみが目標とされたのだ。

やがて仏教教団は、ブッダ入滅後百年頃に、戒律や教理の解釈をめぐって保守的な上座部と革新的な大衆部とに分裂した。さらにそれぞれに分裂を繰り返して、最終的には二十程の部派が形成されたという。各部派は、ブッダの教説の瑣末な解釈をめぐって哲学的論争を繰り広げたため、一般の在家者から遊離した存在になってしまったようである。一方、ブッダという偉大な人格に傾倒していた在家の仏教信者たちは、ブッダ入滅直後から遺骨（舎利）を納めた仏塔（stūpa）を中心にその遺徳を偲んでいた。

このような在家者集団を核として、次第に難解な学問に終始する部派と距離を置く新しい信仰運動が興起し、在家者の成仏・諸仏の浄土そして長大な物語を説く大乗経典が編纂され始めたという。大乗仏教の起源に関しては諸説があるけれども、こうした在家者の運動もその源流の一つではなかろうか。そして、後の大乗につながる仏塔崇拝の場において、唄匿《ばいのく》（bhāṇaka・バーナカ）と呼ばれる音楽性豊かな伝道者の活躍の痕跡がある。このバーナカが、最初の大乗宣言者とされる法師（dharmabhāṇaka・ダルマバーナカ）へ移行したと考えると、在家者を対象とする布教の場では、音楽性や芸能性がいかに大切であったかを知ることができよう。やはり、在家者への説法は、情念に訴える技法ぬきには成立しえないのではないか。

## 2　聖徳太子・在俗の仏道（飛鳥・奈良仏教）

シルクロード・中国・朝鮮半島諸国を経て、日本に伝来し受容されそして定着していったのは、在家性の強い大乗仏教であった。当初の仏教は、ヤマト王権の中枢で多くの渡来人を傘下に置き、強大な権力を掌握した蘇我一族によって、積極的に移入された。この蘇我氏の血縁に連なる王族の一人が、聖徳太子（厩戸皇子・五七四―六二二）である。今日の歴史学界の一部には、聖徳太子に関するあらゆる史料の信憑性を疑い、太子の事績として伝えられている殆どすべてを史実ではないと考える主張が見うけられる。

たしかに太子は、その後の日本仏教の折節でたえず回顧されてきた人物であるので、語り伝えられる太子像は、極めて豊富かつ物語性の高いものとなっているのだ。従って、聖徳太子伝のすべてを歴史的事実とすることは、毛頭できるはずもない。ただ、外交記録に基づき史実性が高いと思われる、太子の仏教の師となった高句麗から渡来した学僧である恵慈

（？―六二三）・百済学問僧恵聡（生没年不明）の動静と、中国側史料に記される、仏教を信奉する大国である隋に対して仏教的知識に裏付けられた高度な外交を展開したこと、考古学的裏付けのある斑鳩寺建立、などの断片的痕跡から推定しただけでも、太子の仏教信仰の存在は疑うべくもないのではないか。

そして太子が、仏教に帰依しながら出家の道を選ばずに、在俗の政治家として一生涯を貫き通した点こそ特筆されよう。太子が撰述したとされる『三経義疏』は、『法華経』・『勝鬘経』・『維摩経』に対する注釈書であった。『法華経』は、在家者を含むすべての衆生の成仏を説く代表的な大乗経典である。『勝鬘経』とは、波斯匿《はしのく》王の娘・阿鍮闍《あゆじゃ》国の王の妃である勝鬘夫人という在俗女性が、ブッダの前で大乗一実と衆生が如来を宿す如来蔵思想とを説いた教えなのだ。『維摩経』では、在家者の維摩居士が出家者に向かい問答を仕掛け打ち負かすという構成になっている。つまりこれら三つの経典に共通するのは、まさに在俗の仏道なのだ。そのような強い在家性の主張は、寺院寂居主義に立つ奈良時代頃の学僧の価値観には到底なじまない。それゆえ、義疏を「法隆寺の学僧たちが太子に仮託して奈良朝に蒐集した眉唾物だ」とする批判は、およそ的外れではないだろうか。この三つの経典への着眼は、在俗のまま政治の現場でさまざまな苦悩に向き合った聖徳太子にこそ、ふさわしいといえよう。

だが、太子によって指し示されたおおらかな在家の仏道は、その後の日本仏教史の表舞台からしばらくの間影を潜めていく。大豪族蘇我氏やその立場を継承した王権は、こぞって中国最新の仏教に関する情報に着目し、その移設を企図していった。その結果、当時の実情にはそぐわない高度な制度や教学がもたらされたのだ。僧尼は国家の官僚として扱われ、僧団の自律や自由意思による出家は認められていない。仏教は、僧尼を監督する役職である僧綱《そうごう》と、あるべき官僚としての規則を定めた『僧尼令』によって統制されていく。

奈良時代に入ると、そうした世俗権力による「制度化」をより完璧にするため、戒律の師匠を中国から招く政策が行われ、道璿《どうせん》（七〇二―六〇）・鑑真（六八八―七六三）が来日する。鑑真により正式な僧尼への要件である具足戒を授ける国立戒壇が設置され、日本の出家授戒制度は他の仏教国と比肩するスタンダードなものとなったとされる。しかし、当時の在地においては、そのような国家による「制度化」とは別な次元で、在家性の強い多彩な仏教受容の花が開いていたのだ。

中国に留学し、玄奘（六〇二―六四）に師事した道昭（六二九―七〇〇）やその門弟とされる行基（六六八―七四九）は、民衆の中に入り、物心両面での救済をめざし、土木事業を行った。平安初期にまとめられた『日本霊異記《りょういき》』を見ると、たくさんの民間仏教者の活動が生き生きと描かれている。彼らの多くは国が認める官僧ではなく、苦悩する民衆に仏教を伝えるべくさまざまな伝道を行った。ただし、布教現場で説かれた教えの大部分は、短絡的な三世因果応報思想であった点もまた見逃してはならない。

中国から授戒制度の確立という任務を帯びて渡来した道璿であったが、授戒システムの完成には至らず、晩年は吉野の山中で『梵網経《ぼんもう》』を誦する日々を送ったという。『梵網経』には、菩薩の受持すべき戒が説かれているが、そこには世俗権力による仏教統制を拒絶する根拠や徹底した利他行が示されている。道璿が正式な比丘・比丘尼になるための具足戒ではなく、菩薩戒としての『梵網経』の研鑽に励んだのは、その後の日本仏教の方向性を示唆しているのではなかろうか。

## 3　最澄・戒律の大変革（平安仏教）

道璿の孫弟子にあたる最澄は、官僧として国立戒壇で受戒した直後、道璿と同じように、山林での真摯な修行に入った。比叡山入山直後の心境を吐露したとされる『願文』では、徹底した無常観と「愚が中の極愚、狂《おう》が中の極狂、塵禿《じんとく》の有情、底下の最澄」（日本思想大系『最澄』二八七頁）という痛烈な自己内省を行っている。このことばは、後に触れるように、親鸞に影響しているのだ。そのうえで、自己の悟りは決して自分一人で享受せず、すべての感覚器官が清浄となったならば、仏国土の浄化とあらゆる衆生の救済のために身を挺していきたい、と強く誓っていく。

入山してから十五年目の最澄は、八〇一（延暦二十）年、『末法灯明記《まっぽうとうみょうき》』を著し、「像季《ぞうき》の後は、まったくこれ無戒なり。仏時運を知りて、末俗を済はんがために、名字の僧を讃じて、世の福田《ふくでん》となす。」（原漢文・伝教大師全集一・四二三頁）と、正しい仏法が廃れた世の中においては戒律を守らない僧もまた尊敬されるべきだと、経典を根拠にして主張した。この書物をめぐっては、後の時代に最澄に仮託して撰述された偽書とする学説が多いが、この年比叡山に招いた奈良の学僧たちから、桓武政権の南都仏教取り締まりの状況を聞き及んだ最澄には、本書執筆の可能性も想定できるのではないだろうか。

中国留学から帰国した最澄は、八〇六（延暦二十五）年、比叡山における毎年二名の官僧としての得度者を許可された。しかし、相変わらず得度に続く授戒は国立戒壇に行かねばならず、空海（七七四―八三五）との密教の学識の格差が歴然となるなかで、「弟子離散」という辛い状況に身を置くこととなる。こうした逆縁にさらされ、最澄は長年の主張をいよいよ鮮明にしていく。まず、東北で法相宗をひろめる民衆仏教の旗手である徳一《とくいつ》（生没年不詳）を相手取り「すべての衆生に仏性を認めるべきか」をめぐっての広範な論争を挑んでいった。

あわせて、世界の仏教史上きわめて稀な、戒律の大変革へと突き進むこととなる。まず、自らが国立戒壇で受けた具足戒を「小乗戒」として捨て去ることを宣言した。即ち、比叡山の学生《がくしょう》は、鑑真のもたらした『四分律行事鈔《しぶんりつぎょうじしょう》』による戒律授受システムを否定し、唯一「円の十善戒」「仏子戒」と名づけた菩薩戒を受けるのみで、「菩薩僧」という大乗仏教固有の僧になりうる、と立論したのである。

凡そ法華宗天台の年分、弘仁九年より、永く後《ご》際を期して、以て大乗の類となす。その籍名《しゃくみょう》を除かず、仏子の号を賜加《しか》して、円の十善戒を授けて、菩薩の沙弥《しゃみ》となす。（中略）即ち得度の年、仏子戒を授けて、菩薩僧となし、その戒牒には官印を請《こ》はん。（『天台法華宗年分学生式』・日本思想大系『最澄』一九五頁）

ここに、世俗の制度から自律した僧団成立の宣言が発せられた。こうして養成された菩薩僧の一部には、「まさに国裏の池を修し溝《みぞ》を修し、荒れたるを耕し崩れたるを埋め、橋を造り船を造り、樹を植《う》ゑ苧《ちょ》を殖ゑ、麻を蒔《ま》き草を蒔き、井を穿《うが》ち水を引きて、国を利し人を利するに用ひんとす。」（日本思想大系『最澄』一九五頁）と、世のため人のための実践を求めていた。こうした実践を支えた菩薩戒の条文こそが、道璿の研鑽した梵網戒であった。いうまでもなく、最澄のこの主張は、三人の師匠と七人の証人（三師七証）のもとで厳格に伝授される具足戒をもって正式な比丘の要件と見なす、仏教の国際的大原則を根底から否定し去る、極めて革新的な意味を持っていた。それゆえ、南都仏教界からの反駁《はんばく》は激しく、最澄はこの論争の決着を見ないまま病に斃《たお》れた。そして、彼の死後七日目にしてその主張が認められ、比叡山上の大乗戒壇建立が勅許されるはこびとなった。ここに、仏教のグローバルスタンダードから逸脱した、未曾有の戒律の根本的転換が、実現したのである。

最澄の天台宗に関しては、世俗の塵芥から遠く離れた山中の清浄な環境で厳しい修行に励む、出家の仏道であると考えられがちだ。しかし、彼の改革によって僧が受持すべき戒律の数は、二百五十の比丘《びく》戒から、『梵網経』に説かれる十重四十八軽《きょう》戒へと大幅に軽減された。そして何よりも、最澄による具足戒の伝統それ自体の変革が許された以上、それぞれの状況に適合する第二第三の戒律転換に道を開く可能性を孕んでいた。日本仏教における在家性は、より顕著となっていくといえよう。

## 4 親鸞・非僧非俗の名のり（鎌倉・室町仏教）

最澄が身命を賭して実現させた大乗戒に基づく自律的僧団と積極的伝道の理念は、その後の延暦寺においては次第に薄れていってしまった。いつしか比叡山の菩薩僧も国立戒壇で受戒した僧と同次元の官僧とみなされるようになっていく。そんな時代の中で、仏教が次第に衰退すると説く末法思想が広まるようになる平安時代の中頃から、「聖《ひじり》」と呼ばれる市井を回遊して人々に教えを伝えながらさまざまな活動をする半僧半俗の宗教者が出現する。やがて、天皇や摂関貴族と結びつき、巨大な荘園領主さらには武装勢力にまで変質した比叡山をおりて、最澄の理想の達成をめざしたのが、鎌倉新仏教の祖師たちではなかったか。

鎌倉新仏教を開いた祖師たちの大部分が、比叡山での修学経験を有しているのも、決して偶然ではない。最澄によって設立された菩薩僧という卓越した宗教的人格養成プログラムや、「円蜜禅戒」という多面的領域に深化の可能性を内包していた最澄教学の特質が影響して、各領域におけるすぐれた人材輩出につながったといえよう。しかし、南都仏教のみならず天台真言がともに権門《けんもん》勢力として君臨する状況にあって、山をおりた彼らが新たな仏道を構築するのは、決して容易ではなかった。新仏教の開創者たちは、いずれも政権やそれと癒着した旧仏教勢力による圧迫や弾圧に身をさらさなさければならなかったのだ。

特に師の法然とともに後鳥羽上皇（在位一一八三―一二三九）による専修念仏弾圧を蒙り、越後に流罪となった親鸞は、不当な弾圧に抗議する書面を朝廷に提出し、それを『教行信証』末尾に収録している。

これによりて、真宗興隆の太祖源空法師ならびに門徒数輩《すはい》、罪科を考へず、猥《みだ》りがはしく死罪に坐《つみ》す。あるいは僧儀を改めて姓名《しょうみょう》を賜うて遠流《おんる》に処す。予はその一つなり。しかればすでに僧にあらず俗にあらず。このゆゑに禿の字をもつて姓とす。（『教行信証』化身土巻・註釈版四七一―四七二頁）

親鸞と法然は、流罪に処せられるにあたり、延暦寺で受戒して与えられた官僧身分を剝奪された。その限りにおいて、すでに僧ではない。かといって俗の世界に埋没もしない。この

「非僧非俗」の新たな宗教的立場を自分自身で命名するに際し親鸞が典拠としたのは、若き最澄の『願文』にある真摯な内省のことば「愚」と「禿」であった。

それでは「非僧非俗」「愚禿」とは、どのような「僧尼」像なのであろうか。その後に撰述された『教行信証』では、ほかならぬ最澄の『末法灯明記』の文章「末法には、ただ名字の比丘のみあらん。この名字を世の真宝とせん。福田なからんや。たとひ末法のなかに持戒あらば、すでにこれ怪異なり、市に虎あらんがごとし。」（註釈版四二一頁）を引用する。つまり、戒律を守れない形ばかりの僧でさえ、末法の時代では最高の宝である、と宣言する。また、晩年の『正像末和讃《しょうぞうまつ》』「愚禿悲嘆述懐」の一首には、「無戒名字の比丘なれど　末法濁世の世となりて　舎利弗・目連にひとしくて　供養恭敬《くきょう》をすすめしむ」（註釈版六一九頁）と、戒律を守れぬ名前だけの僧を舎利弗・目連という最高位の仏弟子と対等であると、讃えているのだ。この間、京都・鎌倉の政権による、苛烈な専修念仏教団に対する弾圧は継続していた。そこに身を置きながら親鸞は、生涯を一貫して「愚禿親鸞」と署名し続けている。

だが、一二四六（寛元四）年（七十四歳）から一二五六（康元元）年（八十三歳）までの十年間に限って「愚禿釈親鸞」（傍線・著者）と記した事例が見られるという。若干穿った推測かもしれないが、親鸞は老境に入るにつれて、次第に「釈」に込められた仏弟子としての自覚を高揚させていったのかもしれない。そんな「無戒でありながらぜひとも真の仏弟子でありたい」との願いを打ち砕いたのが、八十四歳の時の善鸞（親鸞の二男と思われる）義ありたいという揺るぎない信念があったといえるであろう。しかしなお、彼の内には真の仏弟子で鸞は、遂に戒律そのものの存在を否定してしまった。しかしなお、彼の内には真の仏弟子で

絶事件であったと考えられないだろうか。いずれにしても、弾圧という逆縁を契機として親

そして、まさに最澄によって一度なされた僧尼像の変革を経験していたからこそ、親鸞も新たな地平へと到達しえたのではないか。それは、具足戒から大乗菩薩戒そして無戒へという、出家のあり方を規定する戒律の根源に関わる転換を意味していたのだ。遂に日本仏教は、世界の仏教のスタンダードから大きくかけ離れた、在家仏教への独自の歩みを加速させていくこととなる。親鸞の流れを汲む浄土真宗においては、家庭を持ち俗世での労働に従事しながら念仏道場を守る「毛坊主《けぼうず》」と称する独自の宗教家が出現し、「坊守《ぼうもり》」という道場主の配偶者の存在が制度として定着していった。

さらに、出家在家の区別のない救済が前面に押し出されたからこそ、在家生活者の中に高邁な学僧をも凌駕する念仏行者が生まれる道も開かれたといえるであろう。実際、親鸞在世中の門弟集団の大多数は、在家生活者で占められており、史料に残りにくかったけれども、その集団には当時の社会で不当に差別されていた人々の存在もうかがえるようである。さらにこうした在家性志向は、一遍（一二三九―八九）による「妻子を帯し家に在りながら、著せずして往生す」（『播州法語集』日本思想大系『法然・一遍』三五五頁）る者こそ「上根」とする、出家優先の従前の価値の顚倒を生む。

室町時代になると、鎌倉新仏教諸宗派が幅広い在家層に受容され、広汎な展開を見せてくる。特に戦国期の浄土真宗本願寺教団に現れた親鸞の血脈をつぐ蓮如は、各地に精力的布教を行い、その教団は爆発的拡大を遂げた。彼は、高飛車な坊主たちの態度や本願寺の権威主義を改める一方で、荘園・公領制が崩れ新しい自治村落「惣」が形成された地域を中心に「惣」ぐるみの布教を展開する。そして、他派との違いを明瞭にした教義の要を「信心正因・称名報恩」という簡単なキャッチフレーズに集約し、それを繰り返して述べ続ける『御《ご》文章《ぶんしょう》（御文《おふみ》）』を使った文書伝道を行ったのだ。さらには、誰でも口ずさみやすい韻文の歌である親鸞の著作『正信偈』と七五調の和語の讃歌『三帖和讃』を日々の勤行と定めた。これによってリズミカルな聖教の調べに乗って念仏の教えが在家者の日常生活の中に浸透していったといえる。

## 5 体制化し生活化した江戸時代の仏教

織豊政権を引き継いだ徳川幕府は、強大な武力を有した巨大寺院勢力との抗争や一向一揆対策に苦慮した経験からか、またキリスト教禁教の狙いもあって、極めて巧みな仏教政策を実施した。即ち、全国民をいずれかの寺に檀家として所属させ、その戸籍を管理させたのだ。これが檀家の出生から婚姻・転居・旅行そして死去に至る、人生のあらゆる場面に菩提寺が証文を書く寺請制度である。そして、すべての宗派の本山に『末寺帳』を提出させ、全寺院を傘下に置くピラミッド型の本末制度が形づくられた。このような制度によって、すべての寺々は、本山の支配下に位置づけられ、また幕藩体制の支配機構の末端を担わされたといえよう。その一方で固定的な檀家に支えられた寺院は、その存立基盤を保証され、永い安定期に入ったのである。このような近世仏教に対する歴史的評価は、体制化しその本来性を喪失したという「堕落論」に象徴されるように、概して厳しいものとなっていった。

その一方でこの時代には、菩提寺が生涯のあらゆる通過儀礼に関与したのみならず、死後の年回も七回忌以降が追加され、祥月命日・月忌なども丁重に営まれるようになった。また、盂蘭盆会・彼岸会・開山忌などの仏教関係の年中行事も盛んになり、仏教は人々の生活の中に深く根をおろしていく。このように、寺院との関わりは、日常生活のあらゆる場面に広がり、仏教が民衆の毛細血管の隅々にまで行き渡ったといえる。柳宗悦は、徳川時代の仏教を「学問の仏教の価値より常に本質的」な「信仰が普く光輝」き、「仏教が普く人々のものに成り切」り、「法然や親鸞の教えが真に実った」時代と評価する。

特に大部分の寺院が寺領を所有しない浄土真宗においては、門徒からの懇志が唯一の寺を支える財源であった。そのため、より親密な形で門徒との交流に心を砕いたようである。さらに真宗寺院では、特別な修行や現世利益のための祈禱も行わなかったので、口頭で教えを説き、門徒がそれを聴聞する場としての法座の重要性は極めて高かった。近世以降の浄土真宗では、法座は寺での年中行事の際には必ず開かれた。それのみならず、家庭で営まれる在家報恩講や門徒個人の年忌法要などの縁に因んでも開催され、また寺に出講した布教使をそのまま自宅に招いて教えを聞く「出法談《でほうだん》」も、頻繁に行われたという。篤信な「同行」と呼ばれる在家念仏者にとっては、まさに聴聞三昧の日暮しであったのだ。このような生活化した在家の仏道がしっかりと根をおろした環境の中から、妙好人たちが生まれてきたのであろう。

上述のように、仏教の歴史をひもときながら、妙好人が日本仏教、わけても浄土真宗においてのみ誕生した背景を探ってみた。仏教は世俗の絆を超絶する出家によって、究極の悟りをめざすという方向性を持っていた。ブッダ在世中は出家と在家とを差別していなかったが、その後の教団では、次第に出家者中心の難解な学問仏教が主流となっていった。やがて出家者を支えつつ自らは出家できない大多数の人々の救いの道を模索して、大乗仏教が興起する。日本仏教はそうした大乗の流れを汲み、在家性を益々強めていった。それは、他国においてなされなかった戒律の根元的変革を経て、進行していったといえる。日本仏教の祖とされる聖徳太子に関しては、近年の非実在説を踏まえてもなお容易に消し難い、在家の仏道への強い志向を看取できる。古代の仏教受容は、律令国家による強固な制度構築を見るけれども、それに対峙せざるをえない状況に立ち至った最澄によって、国家管理の戒律自体を改変する未曾有の転換を惹起《じゃっき》せしめた。

一度開かれた「禁断の箱」は更なる変換を促したように、鎌倉時代専修念仏弾圧を経験した親鸞は、遂に戒律を守らない名ばかりの僧という在家仏道の極致に身を置く。親鸞の流れを汲む浄土真宗では、学問や修行そして持戒ができなくとも、在家生活を営みながら仏道を歩む行者こそが、救済の正客として位置づけられたのだ。その教団は、戦国乱世の時代を見抜く炯眼《けいがん》を持った蓮如の卓越した布教によって、日本の津々浦々に広がっていく。そして江戸時代の仏教は、幕藩体制を支える役目を担わされながらも、日本人の生活のあらゆる場面に浸透していった。教えを聞くことこそが門徒の無上のたしなみとされた浄土真宗においては、法座が日常化しており、念仏の教えを生活そのものの中で醸成させる行者たちが生まれたのではないだろうか。

つまり、いつの時代にあっても仏教は、ややもすれば在家の大衆から離れた「学問のための学問」に走ってしまう危険性を孕んでいた。そうした学解出家至上主義に対して、あくまで大衆の中に悟りと救済を貫徹したいという動きが起こってきたといえる。日本仏教史にあっては、後者の方向が成熟して妙好人の誕生につながったといえようか。

# 第三章

# 妙好人と節談

## 1　妙好人を育んだのは？

かつて柳宗悦は、真宗が妙好人を生み出した原因として、説教・法談・御示談と、親鸞の『和讃』、蓮如の『御文章（御文）』の普及があった、と指摘している。また、『御文章（御文）』を拝読する宗派（本願寺派・大谷派・興正派）においてのみ、妙好人が生まれるとの意見もある。だが、仰誓が最初にまとめた『親聞妙好人伝』には、高田派門徒でありながら神道を信仰して仏法を忌み嫌っていた杉野治郎左ヱ門が、我が子二人の死後に一族の勧めと手次寺住職との議論を経て、念仏者となっていく過程が描かれている（大系真宗史料伝記編八・二四―二五頁）。しかし、僧純はおそらくこの物語を、高田派排除という自派優先意識やあるいは子が親を諭すという場面設定に違和感を覚えたためか、版本に載せていない。もとより、妙好人の受けた慈育の中における、『御文章（御文）』の影響は少なくなかった。しかし、『御文章（御文）』という文字化されたテキストだけが妙好人を育てたとするのは、いささか狭い考え方ではないだろうか。

やはり、妙好人を育んだ背景には、まず本書第二章で明らかにしたような凡夫救済を説く教えそのものがなくてはなるまい。そして柳が看破したように、その教説が『和讃』という讃歌や『御文章（御文）』のような法義の要を繰り返し読み聞かせる媒体を通じて、法座という場で情感豊かに語られる。さらにそこには多くの法友間で安心を確認し温めあう示談という形式も伴っていた。そうした真宗伝道のあり方そのものが有機的に絡まり合いながら、妙好人輩出に深く影響していたのではないか。

一九六六（昭和四十一）年、関山和夫は、日本の唱導説経（この段階では「節談説教」とは呼んでいない）の歴史の中に『妙好人伝』を位置づけ、本書は説教の種本であり、「妙好人」という語が説教者の口から盛んに伝えられるに及んで、その語は全国に広く流布したと、その関係性を述べている。この論文は、関山の真宗を扱った最初の作品であると同時に、そこには後に彼のライフワークとなる『説教の歴史的研究』への見取り図が示されているのだ。最近、当時関山と同じ多屋頼俊（一九〇二―九〇）門下に学び『今昔物語集』などの研究を大成された石橋義秀から、「この論文の構想には、関山の恩師の多屋の影響によるところが大きい」とご教示賜った。当時多屋は、大谷派における同朋会運動の展開とともに、伝統的な説教が禁じられ説教者が排除されていくことを幾度となく嘆いていたという。また、江戸から明治時代の教学教化の歴史に詳しく妙好人研究にも力を注いでいた多屋は、「浄土宗の『近世往生伝』に対抗するように真宗の『妙好人伝』が刊行されて行き、それは説教・教化に与えた影響は少なくない。」との構想を描いていたようである。関山もこうした学問的環境の中に身を置いていた。

こうした多屋の助言は、大谷大学国文学科出身の研究者の中でも大谷派宗門に属していないがゆえに自由な発信が可能であり、なおかつ仏教と芸能の関わりを問う特異な成果をあげつつあった関山にとって、あるいは研究上の大きな指針となった可能性があったのではないか。ここに、浄土真宗の説教研究史上に一時代を画した関山の研究の原点の一つがあったとしたい。即ち、柳によって鳴らされた真宗法座の危機への警鐘は、大谷派宗門内の国文学研究の碩学《せきがく》である多屋を経て、関山の説教研究へと具体化されていくといえようか。

## 2 「九分教」から「十二部経」へ

以下、妙好人が聴聞した浄土真宗の法座で行われてきた布教の源流について、関山の示した道筋に学びながら訪ねてみよう。ブッダの説法がどのようなものであったかを推測する場合、仏典をその形式や内容によって分類した「九《く》分《ぶん》教」を参考にすることが多い。即ちそこに含まれるのは概ね次の九つである。

①修多羅《しゅたら》（sūtra・契経）散文形式の教説
②祇夜《ぎや》（geya・重頌 応頌）散文の内容を再度韻文で説く
③和加羅那《わからな》（vyākaraṇa・受記 記別）仏弟子の未来についての証言
④伽陀《かだ》（gāthā・諷頌 偈）独立した韻文の教説
⑤優陀那《うだな》（udāna・自説）質問なしに自ら説いた教え
⑥伊帝曰多伽《いていわったか》（ityuktaka・本事 如是語）仏弟子の過去世の行い
⑦闍多伽《じゃたか》（jātaka・本生）仏の過去世の修行

⑧毘仏略《びぶつりやく》（vaipulya・方広）広く深い意味を述べたもの
⑨阿浮陀達磨《あぶだだつま》（adbhutadharma・未曾有法）仏の神秘性や功徳を讃えたもの

このように、「九分教」には、形式による区別（修多羅・祇夜・伽陀・優陀那）と、内容に関する区分（和加羅那・伊帝曰多伽・闍多伽・毘仏略・阿浮陀達磨）とが混在しており、この分類自体が各時代や地域そして異なる部派の所伝をまとめたものであると考えられる。また、後述する「十二部経」成立以降に内容改編の行われたものや、「受記」「方広」の代わりに、「問答」「教理問答」を置く系統もあるという。

今、この「九分教」からブッダの説法をうかがうべくその形式に着目すると、散文による淡々とした語りの他に、韻をふんだ詩形で説かれた偈が含まれていた点に気づく。確かに文字化されていない説法を暗誦するには、韻文の方が記憶しやすかった面はあるであろう。だがそれに加えて、韻文には、理路整然とした知的理解とは別の、感性に訴える力が込められている。そして当然ながら韻文を唱える場合、幾許かの抑揚節付けを伴うのである。つまり、ブッダ在世中の段階から、すでに節のかかった説法が行われていたとすべきではないか。

その後、出家者中心の煩瑣な哲学と化した部派仏教に対して、在家者の仏塔崇拝に淵源する大乗仏教が興起するに及んで、在家大衆を正客とした説法が求められた。平川彰（一九一五―二〇〇二）は、「九分教」から「十二部経」への増支に、大乗仏教成立の痕跡を看取している。即ち「九分教」に、「尼陀那《にだな》（nidāna）・因縁」・「阿婆陀那《あばだな》（avadāna）・譬喩」・「優婆提舎《うばだいしゃ》（upadeśa）・論議」が加わり、「十二部経」と呼ばれることが多い（もちろん「受記」「憂陀那」「未曾有」を加える『法華経』のような異説も存在する）。

「尼陀那」とは、「一に請に因りて説き、二に犯に因って戒を制す、三に事によって法を説く」（『大乗法苑義林章』原漢文・大正蔵四五・二七七頁b）とあるように、説法の発端となった弟子からの質問要請、戒律条項制定の原因となった犯罪事実、経典が説かれる背景となったことがらや物語をさすと思われる。つまり、説法や制戒の原因と背景を述べることが、「尼陀那」の原義である。そこで語られるのは、いずれも赤裸々な人間模様の渦巻く世界である。従ってその内容は、知的合理的理解の領域をはるかに超えた、喜怒哀楽の感性の次元において享受されるものであったにちがいない。因縁は、具体的物語に接した仏縁薄き大衆をして、仏教へと誘う効果を持っていたといえようか。

一方「阿婆陀那」に関しては、『大智度論』に「事を明了にするをもっての故に譬喩を説き」（原漢文・大正蔵二五・七〇四頁a）といい、「世間の相と似て、柔軟の浅語なり」（同二五・三〇七頁B）とある。つまりそれは、世間にも通じるような平易なことばや事例を用いて、仏教の本義をわかりやすく明瞭にするために用いられた方法であると考えられる。従って、あくまで譬喩は、合理的客観的説明のための手段であり、たとえそこで人間ドラマが語られたとしても、因縁のような情念に染みこませる役割をになってはいなかったといえよう。

さらに「優婆提舎」は、経典の中にある論議問答を意味し、そこから派生して経典に解説を加えた論書をさす。こうした論書広がりの背景には、大乗仏教の成立以降、仏説として広く流布する経典類に何ほどかの説明を加えなければならない時代的要請の高まりがあったからではないだろうか。かくして平川説のように、「九分教」が「十二部経」へと増広したのは、大乗仏教の発生と興隆に関係していると捉えておきたい。仏教に関する専門的知識や学問の素養のない大多数の在家者に法を説く場面においては、何よりも因縁の持つ情緒性や物語性が強く希求されたのではないか。また身近な事例に置き換えて理解を深める譬喩も、注目されたであろう。さらに大乗と各部派の解釈の相違などに関連して、論議の必要性も高まったといえよう。

ところで、平川説では、「十二部経」において増支された三者の中で「尼陀那」だけが「優陀那」の次に挿入され、「阿婆陀那」「優婆提舎」を末尾に付加する文献（『五分律』など）をもって「十二部経」の最古の形とする。そして、その順序付けに関して平川は、「優陀那」と「尼陀那」の発音の類似のためであり、意味の上や「十二部経」の構成上の必然性はない、という。しかし、「尼陀那」の次に配置される「伊帝日多伽」「闍多伽」はともに前世物語であり、人間ドラマという点で「尼陀那」と一脈通じるのではないか。他方「阿婆陀那」「優婆提舎」は、いずれも知的理解の領域に関わるとして末尾に按配されたのかもしれない。このことは、「尼陀那」の占めていた大切な役割を表しているといえよう。大衆に法を説く際には、何よりも情感豊かな人間の物語を提示することこそ、極めて肝要であったのだ。

それに加えて、前章で触れたように、大乗仏教の誕生には、バーナカ（唄匿）と呼ばれた音楽性豊かな伝道者を継承したダルマバーナカ（法師）の存在が深く関係していた。出家者の音楽への関与を禁じていた部派の戒律に対し、大乗経典においては仏菩薩の音楽性を帯びた讃嘆や供養が広く見うけられるようになる。それに付随して、民衆への説法に際しては「九分教」以来の節付けや音楽性も増幅されていった。こうして、音楽性・わかりやすさ・豊かな物語を具備した大衆布教が、形づくられていく。

## 3　三周説法のひろがりと節談

このように在家大衆への説法のためのツールとして存在価値を増した、譬喩や因縁を取り入れた唱導が体系的に構築されたのは、三周説法のひろがりによるところが大きい。元来、三周説法とは、代表的な大乗仏典の一つである『法華経』前半の迹門正宗分《しゃくもんしょうしゅうぶん》を、法説周・譬喩周・因縁周に区分する経典科段の方法であった。それは、『法華経』方便品に「われ、成仏してより已来、種種の因縁、種種の譬喩をもって、広く言教を演べ、無数の方便をもって、衆生を引導し、諸の著を離れしめたり」（原漢文・大正蔵九・五頁c）とあるように、仏が様々な衆生に向かって因縁や譬喩を駆使して教えを説き述べた、と記すことに淵源する。中国梁代の法雲（四六七―五二九）は、『法華義記』において「三根人を化せんがために三段と為す」（原漢文・大正蔵三三・六〇一a）と、仏が機根の「上中下」に対応して三回の反復説法を行ったのが『法華経』迹門正宗分だ、と解釈した。

法説周　「方便品」～「譬喩品」前段　上根の舎利弗　一乗真実の理論的説明
譬喩周　「譬喩品」後段～「授記品」　中根の四大声聞　譬え話を用いた説法
因縁周　「化城喩品」～「授学無学人記品」　下根の富楼那ら『法華経』説法の前世物語

このように、同じ真理を説きながら、聞く相手の習熟度に応じて、理論・譬え・物語を使い分けていた、と捉えている。これを受けて智顗《ちぎ》（五三八―九七）の『法華文句』においては、「凡そ七品半の文を三と為す。一には上根人のための法説、二には中根人のための譬説、三には下根人のための宿世因縁説なり。」（原漢文・大正蔵三四・四五c）と三周説法を明記していく。つまりこの方法では、学問的知識のある者には理路整然とした説明、ある程度の素養のある人に向けてはわかりやすい譬え話、まったく仏教に触れた経験のない者に対しては具体的な人間の物語を、それぞれ用いるのが効果的だ、と教えている。

元来三周説法は、経典解釈のための方法であったけれども、五一九（天監十八）年に撰述された『梁高僧伝』に「乃ち別に宿徳を請じて座に昇りて法を説く。或は因縁を雑《ま》ぜ序《つ》ぎ、或は譬喩を傍に引く」（原漢文・大正蔵五〇・四一三頁c）とあるように、因縁を混ぜ合わせ譬喩を利用した高座説教が、実際に行われていたようである。つまり、三周説法は、唱導の構成法として広く流布していったといえよう。その後この解釈は、多くの『法華経』註釈にも踏襲され、聖徳太子撰と考えられる『法華義疏』においても「則ち法説、譬喩、宿世因縁を挙げて、広く三を開き一を顕す」（原漢文・大正蔵五六・七〇頁c）と採用されているので、日本仏教受容の初期段階からある程度知られていたと思われる。

平安初期に成立した『日本霊異記』は、各説話の結末構成から推測すると、明らかに唱導に用いられた因縁集であるといえよう。そこに説かれる物語には、善悪の果報を宿命的に捉え、仏になれない者がいるとする、編者景戒（生没年不詳）の五姓各別《ごしょうかくべつ》（人間の機根の差異を強調する考え方）の教学にねざす、短絡的な三世因果応報説が貫徹している。しかしそんな唯識の徒である景戒は、あらゆる衆生の成仏の可能性を説く『法華経』に対し、なぜか深い関心を寄せているのだ。むろん彼には、同時期に『法華経』を引っさげて華々しい活躍を開始した最澄への対抗意識もあったであろう。

景戒は、「未だ天台智者の甚深の解を得ず」（日本古典文学全集六・三七三頁）と告白するけれども、この「解」とは『法華経』解釈をさすと捉えるのが至当であろう。あるいは、布教現場の第一線で人間ドラマを説き続ける景戒が強く興味をそそられたのは、当時知られていたところの智顗の『法華経』解釈である三周説法ではなかったか。彼は、大衆への伝道の極意を示した三周説法に強く心を惹かれながらも、三乗を旨とする法相宗の矜持《きょうじ》から一乗思想に帰入できなかったのではないか。

三周説法は、日本天台においても継承され、澄憲（一一二六―一二〇三）聖覚《せいかく》（一一六七―一二三五）父子によって大成された安居院《あぐい》流では、華麗な表白とともに機知に富んだ譬喩因縁を駆使した唱導がなされたという。また、鴨長明の『方丈記』も、三周説法を援用した構成になっているとの指摘（加藤磐斎『長明方丈記抄』）がなされている。そして聖覚が法然門下に入り親鸞とも深い交流の縁を結んだため、安居院流唱導は民衆仏教として発展した浄土真宗において大きく開花することとなる。

また親鸞自身の布教の具体像はうかがい知れないが、彼が日本文学史上最も多い和讃を製作した点を勘案しても、情感豊かな音楽性を持つ語りと無縁ではなかったといえよう。親鸞の和讃については、一般に難解な教義を平易に説明するために作られたとされている。しかし関山がいうように、そこには難解な漢語をそのまま引用した箇所も少なくない。親鸞は、教義をわかりやすく解説するというよりも、それを解らないなりに口ずさみ身に沁み込ませていく身体性を重視して、和讃を製作したのではないか。

本願寺教団を飛躍的に発展させた蓮如の布教法は、時代の様相を見抜き相手の機微に触れるものであった。『蓮如上人御一代記聞書』には、蓮如が勤行で用いた親鸞の『高僧和讃』のいわれを「月かげのいたらぬさとはなけれども、ながむるひとのこころにぞすむ」という法然の和歌を引いて説教した時、それを聞いた実如(一四五八―一五二五)は感動のあまり涙を流したという逸話(註釈版一二三一―一二三二頁)を載せている。

この他にも、蓮如については親鸞の和讃や情緒性に富む和歌を用いた唱導を行っていた記録が遺されているので、蓮如の語りがいかに聴衆の琴線に響いていたかを推察できるであろう。また親鸞の遺徳を偲ぶ報恩講の折には、「二十五日に御開山の御伝(御伝鈔)を聖人(親鸞)〔の〕御前にて上様(蓮如)あそばせて、いろいろ御法談候ふ。なかなかありがたさ申すばかりなく候ふ」(『蓮如上人御一代記聞書』註釈版一二四一頁)と、親鸞の伝記に即した法談をしていたようである。これこそ、宗祖の人物像の物語を通じて、その中に展開する救いの具体像を指し示すことによって教えを説く、因縁の系譜に連なる布教に他ならない。

江戸時代に入り安定期を迎えた真宗教団においては、門徒民衆の日常生活の中に仏法を伝える必要性が高まり、ますますその唱導技法に磨きがかけられていく。その結果、近代以降改良説教との区別のために命名された節談と呼ばれる布教技法の完成を見る。節談の特色としては、関山の定義する如く、七五調・節まわし・独自の構成法を挙げることが多い。この内の七五調の語りは、必然的に抑揚節付けを伴うので同一のものとして扱うと、節と構成法の二つをもって節談の成立要件とすべきであろうか。節は、原始仏教以来の祇夜や伽陀つまり偈という韻文による説法の系譜をひく。節には、「一瞬ことばを冷凍保存させる効果」（藤田隆則）があり、節によってフリーズされたことばは、意味が分からなくても音声の列として記憶できる。それが何かの縁に触れて、ちょうど氷が融けるように、意味をもって蘇ってくるという。私たちの日常生活においても、朗読した散文の内容はすぐ忘れてしまうのに対し、口ずさんだ歌詞は意味が分からずとも覚え込んでしまい、いつしかその意味にめざめ人生の応援歌になっていく経験をしたことがあると思う。妙好人たちの日常は、文字化されたテキストには無縁であっても、節譜のついた勤行や節談など、節に囲まれていたといえる。

江戸時代の浄土宗や浄土真宗の唱導には、五段法といわれる独自の構成法が誕生した。以下、その構成を示してみよう。


㈠讃題＝その話の主題となることばを、仏典や聖教の中から選び、読みあげる。

㈡法説＝讃題のことばを、教義のうえから理論的に、解釈説明する。

㈢譬喩＝讃題について、わかりやすい譬えなどを用いて、理解を深めてもらう。

㈣因縁＝讃題の内容に通じる人間の具体的な物語を、情感豊かに説く。

㈤結勧（結弁）＝語りの内容を讃題に照らして位置づけ、要点をリズミカルに弁じあげる。

右に明らかなように、譬喩・因縁は、大乗仏教の興起とともに付加された項目の流れを汲み、大衆への唱導の要件である。その直前に法説を据えるのは、紛れもなく三周説法の構成を踏襲している。その三周説法を中核として、最初に話の主題の典拠を明示する讃題を附加し、最後に七五調のリズムに乗せてせりあげるように唱える結勧を配置するのが、節談の五段法なのだ。五段法の現場での活用に関しては、次のような二つの口伝による格言があった。

はじめ（讃題・法説）しんみり、中（譬喩・因縁）おかしく、終わり（結勧）尊く。

最初の口伝は「讃題と法説は落ち着いて淡々と話し、譬喩・因縁は情感豊かに語り、最後の結勧では宗教的雰囲気を醸し出すように弁じよ」、との各場面での語り口調を教えている。

讃題に付いて（法説）、離れて（譬喩・因縁）、また付いて（合法《がっぽう》）、花の盛りに置く（結勧）が一番。

次の格言では、話の内容についての留意点を示す。「讃題の教えに密着したのが法説、それを自在に広げて説くのが譬喩・因縁、最後にどれほど話を広げていたとしても讃題に収斂《しゅうれん》して簡潔に終えよ」という。つまり、話のバックボーンに、いつも讃題が貫通していなければならないのだ。五段法の構成に基づいた原案を用意し、こうした格言を弁えて語ることによって、人々の感性を揺り動かすことのできる唱導が可能になるのである。なぜならばそこには、インド・中国・日本にわたって長い年月をかけて蓄積されてきた大衆を相手とする布教技法の精華が凝縮されているからだ。

妙好人たちの聴聞した法座で語られていたのは、すべてこのような歴史に裏付けされた後に節談と称される唱導技法（以後本書では便宜上節談と呼ぶ）による口述布教であった。なお、今日では、「節談説教」という四字熟語が流布しているが、これは関山自身による造語に由来している。そして「説教」という語に関しては、江戸時代以前の使用例は少なく、明治初期の「漢語和解」に記載されているので、神子上《みこがみ》憲了（一八八三―一九四九）の知見のように、明治以降に広く用いられるようになった可能性が高いと考えられる。

## 4　節談を聴聞した妙好人

仰誓・克譲・僧純・象王によって編纂され続けた近世の『妙好人伝』に収められている人々の中には、武士や坊守寺族なども見受けられるが、圧倒的大多数は市井に生きる民衆の念仏者であった。そうした人たちは、龍口のいうように、毎日聖教のご文を声に出して読誦し、法座で語られる教えを聴聞し続け、やがて類まれな念仏の行者へと育てられていったのだ。かくして、妙好人の言動の中から、節談を聴聞した痕跡を探ってみよう。

椋田与市（一八四一—九三）は、幕末維新期に活躍し「布教王」と讃えられた椿原《つばきはら》了義（一八三二—七九）とその実弟で節談椿原流説教を継承発展させた野世溪《のせたに》真了（一八三八—一九一三）の布教を生涯にわたり聴聞し続けたという。与市の篤信のありさまに関しては、一九四二年手次の本願寺派上妙寺（滋賀県米原市磯）住職河村義雄によって『是人名分陀利華——與市同行念仏抄』と題する一書が編まれた。また、上妙寺には、これとは別に余市近親者のメモ書きのような『与（與）市話記』と題する写本が所蔵されている。一方、真了の住した本願寺派浄楽寺（滋賀県長浜市余呉町）には、その説教に関するかなりの数の写本が遺されており（野世溪朝「椿原流の説教資料——滋賀県余呉町浄楽寺所蔵写本目録」）、説教者の布教内容と妙好人の言行とを直接対比できるのだ。

> 聞事モ不足　喜ブ事モ不足　チツトモ天窓ノ上ラヌ不足ノ私へ　余ルモノハ間違セヌノ御慈悲バカリ　タラン私へ余ル如来ノ御恩徳（浄楽寺文書・野世溪朝翻刻『信心獲得章説教』三〇丁）

この真了の説教台本とよく似た表現が、

お互いの頂きよう位は足らぬかてどうでもよいではないか。足らぬ所は親様がよいようにしてくださろうから。（『是人名分陀利華』二六頁）

と、与市のことばとして伝えられている。また、

今ハヤフヤフ御慈悲ノ念力ニ引立テラレテ　カヽル仕様ノナヒ私ヲ　此侭《このまま》ナカラ助ケルトアル　弥陀願力ノ不思議ソト（野世溪『信心護得章説教』二七丁）

という真了の説教と、「頃《いつ》モ人事カト思フテルト　御慈悲ガワカラン」（『与（與）市話記』）という余市の会話も類似している。このように、繰り返し聴聞した真了の説教が、与市の血となり肉となるほどに生活の中に染みわたり、妙好人と褒めたたえられるような宗教的人格となってほとばしりでたといえよう。

僧純が描いた清九郎伝には、

或年、霜月廿七日の夜、清九郎、仏前に通夜しけるが、寒風はげしく雪降りし時、清九郎おもひ出しけるハ、御開山ハ、雪のうちに石を枕にふし給ひ、法蔵因位の御苦労を思

ひやらせられて御恩を喜びたまひしもわれらがためなりと承る。せめて御在世の御艱難《かんなん》を、すこしなりとも我身に引うけて喜ぶべしと思ひて、ひそかに布子《ぬのこ》を脱て裸身となりて、つもりし雪の中へ臥、御開山ハ加様《かよう》に臥たまふらんものをや。難有や、南无阿弥陀仏〳〵、と声ふるひて御恩をよろこびける（『妙好人伝』五巻本大系真宗史料一一三頁）

と、報恩講の晩に親鸞伝の一齣《ひとこま》を追体験した逸話を載せている。同様に祖師や念仏者たちの苦労に思いを馳せたりそれを追体験しようとした話は、僧純編の刊本に数多く見られる。妙好人たちは、法座で聴聞した祖師や高僧そして先輩念仏者たちの物語を、我がこととして受け止めていたからこそ、世間の常識から見れば奇行とされがちな報恩の行いをせざるをえなかったのだ。妙好人には、因縁の物語が身体化していたといえる。

また、版本の飛驒長松伝の中に「我、曾て一師の御諭を聴聞せしことあり。御互に持病三通あり。一にハ御恩を忘るの病。二にハ称名怠るの病。三にハ参詣怠るの病。この三病を療ずるの薬、御和讃の上にありと承ハりぬ。」（大系真宗史料一五五頁）とあり、かつて聴聞した唱導において用いられていた譬喩を覚えていて、暴雨で法座参りを尻込みしていた仲間の同行をたしなめたエピソードを紹介する。そしてこの「妙薬」とされた聖教が、誰でも口ずさみやすい和讃であった点も興味深い。妙好人は、法談で使用されていた譬喩まで記憶しており、それを思い返しつつ懈怠心を誡めていたのだ。上述のように、妙好人たちが法座で弁じられたみ教えを深く身体化生活化できたのは、その語りが巧みな譬喩や感動的な人間の物語を、豊かな節に載せて魂の奥深くに染みとおらせるような節談であったからこその結果ではなかったか。むろん、そのベースには、朝夕声に出して読誦する聖教のご文を暗唱するほどまでに身体化していた前提があることも、また忘れてはならない。

そして当時の法座では、門徒たちは一方的に法談を聴聞しただけではなかった。克譲の『新続妙好人伝』には、「唱導終て法話しける」「己を招て法話を乞ふ。いたるごとに、あろじ、幾度となく領解のむねをいひ出して」（同八九頁）、「日中法談終り、男女二三十人と円居して法話しける」（九四頁）、「城中の信者も五六輩来て、よもすがら法話す」（一〇三頁）などの「法話」についての言及がある。ここにいう「法話」とは、現在のような口述布教をさす用語ではない。「唱導」「法談」と呼ばれた高座での節談が終了した後に、何人かの同行が集まり講師を囲んで信心の味わいを語り合う場ではなかったか。そこには、蓮如以来の「談合」「示談」の伝統が継承され、近年の「話しあい法座」にも通じる側面がうかがえるようである。

また、与市の言行録を繙くと、

或時与市が野世溪師の説教に参りその居間を訪ねた所、師は不在にて師の随行何某（現存の人）一人ありて「与市御安心は確かかい、お浄土参りは大丈夫かい」と。与市は無言でうつむいている。随行者の再三の催促に、漸《ようや》く与市は口を開き、「ワシの力で行けたらなあ」と言ったきりで後はポロポロと涙を流していた。(『是人名分陀利華』九頁)或る時野世溪師が説教の上で「真実信心の行者は何時思い出してもお浄土を待ち受ける心持ちがある。」と。それを聞いていた与市は説教が終わってから師の座敷へ行き「私には仲々お浄土を待ち受ける心持ちがありませぬがこれはどうしたものでしょうか」と。師曰く「旧藩時代に彦根の牢屋に沢山の囚人が入れられていた。或時殿様に御慶事があって特赦の恩典の沙汰があった。これを聞いた囚人の中にはうれしくてうれしくて夜も眠られない者もあったが、中には平気で高鼾《いびき》でねている者もあった。しかし翌朝時刻が来るとどちらの者も同じように牢を出してもらった」と。与市はこれを聞いて大へん喜んだということである。(同三三—三四頁)

とあり、真了の説教の後に控室を訪れ、説教の味わいについて質問している様子がうかがえる。これと同様に妙好人たちが布教使を訪ねて教えを乞う場面は、僧純の刊本「濃州おいや伝」「濃州主税伝」にも見うけられる(大系真宗史料一七六・一七七頁)。妙好人たちは、聴聞した教えに関して納得がいくまで、真剣に説教者に問い尋ねていたのだ。そうした問いに対して真了は、身近な譬喩を使って法義の要を指し示していく。与市はその譬喩が腑に落ちたからこそ、疑念氷解し「大いに喜んだ」のであろう。このように、妙好人たちを育んだ当時の節談による法座の実態を検討すると、説教者と妙好人たちの細やかな交流の姿が浮かびあがってきた。それは、高座説教に対して押されてきた「上から目線」で「一方通行」の布教という烙印とは、かなり異質であったといえようか。まさに信心を温めあい念仏を醸しだす場が法座であり、妙好人たちはそうした場において育まれたのである。

## 5　節談で語り伝えられた妙好人の物語

かつて朝枝は、一七七二（明和九）年に生まれ九六（寛政八）年、浄泉寺十三代住職となった善成の『日次記』所載の唱導記録の中にある物語に着目した。それは近江在住の真言宗檀徒二名が、「奇特ノ告」に導かれ備後から移住した五郎作という念仏者と巡り合い、真宗に帰依する話である（一七九四・寛政六年十月七日条）。善成の法談では、この話を「カクマデ種々ニ方便シテ我ヲスヽメ導キ玉へ」る祖師親鸞への報恩につなげて合法していく。このメモによれば、五郎作の話は五つの例話の最後に按配される長篇ストーリーであり、直前には「譬」と明記されている。従って、この唱導一席の中での位置づけは、因縁に相当する部分である。そしてこの五郎作の因縁は、仰誓編の写本『妙好人伝』に所載される「備後五郎作」（大系真宗史料六〇頁）に基づいて語られているのだ。

つまり、写本の『妙好人伝』の物語が、実際に唱導の因縁として活用されていたようである。朝枝は、仰誓によって蒐集された篤信念仏者たちの物語がすぐには出版されず、写本という形で限られた石州学派の門人間のみで伝持されていた背景について、『妙好人伝』には唱導の種本的な性質があったのではないかと推測している。

さらには、一八八九（明治二十二）年発刊の『庄松ありのままの記』所載の「古い事好きなら念仏となへ」の逸話（六四頁）が、野世溪真了の説教を集めた『猟漁《りょうすなどり》章説教』（一九一四年）三十席に「庄松同行夫婦喧嘩をおさむ」という因縁（二〇三―二〇四頁）として使用されている。その他にも稀代の名説教者木村徹量（一八六六―一九二六）の『信疑決判』（一九二二年）には、十六席目に仰誓の二巻本にある石橋寿閑伝を、出典を明記しつつかなり詳細な描写に増幅した因縁が盛り込まれている（二五九頁）。仰誓はこの話を一七七九（安永八）年に来訪した友人から聞き及んだとしている（大系真宗史料七二頁）が、寿閑の法友となった錦織玄周の実子が入寺した波根の立善寺（本願寺派・島根県大田市）は、後に浄泉寺とも幾度か姻戚関係を結んでいるので、この話はあちこちの法座で語られたといえるであろう。

なお『信疑決判』二十席（三三六頁）には、僧純五巻本に載せる越中幼女の臨終間際の話が用いられている。だが僧純は、物語の出所を「浄《ママ》心房充賢師の物語にて承ハり侍りき」（大系真宗史料二四二頁）と、物語の舞台となった越中出身で唱導にたけた学僧充賢（？―一八三六）から入手したと記す。それゆえ、徹量の「越中大永寺の幼女獲信の因縁」（大永寺は本願寺派・富山県富山市塩）の出拠を、ただちに『妙好人伝』であると断定するのは、少し困難ではないだろうか。だが、妙好人の物語が、法座で語られる唱導・法談の中において使われていたのは、まちがいない。これとよく似た寺生まれの少女の話は、現存の説教者廣陵兼純も使用している。

このように布教の歴史を辿ってみると、在家の大衆信者たちに説法する場合、真理を体得して生きぬいた人間の物語を具体的に明示するのが、最も有効な方法であった。九分教から十二部経への増支や三周説法における因縁の果たした役割の大きさが、それを如実に示している。江戸時代の浄土真宗で確立された節談の五段構成法こそ、そうした大衆にむけた布教技法の精華として位置づけられるのではなかろうか。こうした物語の意味あいを真宗の視点から捉えるならば、すべての命あるものを救わんとする弥陀の本願が、苦悩の存在である人間の中に展開した姿を説くこととといえるであろう。

一般に節談というと「既存の台本全篇を丸暗記して行う」というイメージが強い。その結果、節談は古典芸能と等質だとの批判も生まれてきたといえる。しかし、説教者たちの持ち歩いた写本史料を検討すると、その大部分は全篇の台本ではなく、譬喩・因縁・七五調のセリ弁などを数多く集めた手控類であった。また、布教日誌で説教の構成をうかがう限り、日々そうした手控から自由自在に各パーツを取り出し、その場の状況にふさわしい布教を組み立てて、お取り次ぎを行っていたようである。朝枝の指摘した『妙好人伝』の写本としての相伝は、それらがまさに五段法に基づく法談のための因縁集であったことをうかがわせてくれる。

ところが、それに続く版本『妙好人伝』五巻本の中で僧純が編んだ巻三―五に目を転ずると、いささか趣を異にする。即ち、仰誓の写本では、巻頭の治郎右衛門伝以外全く散見できない末尾の論評が、僧純編の部分では三十五例も書き加えられているのだ。この評言は、象王の作品にも見られないので、僧純特有の傾向とすべきであろう。それらは、「因に」「因に示す」「因に記す」「案」「案ずると」「按」「按ずるに」などの書き出しで、物語の最末に加筆されている。

内容的には、その人物の言動のある部分をクローズアップし、聖教や教義の特質に照らして意味づけを行う合法の役目を果たすものが十四例と最も多い。それらの中には、「案ずるに、古に国恩の重き事を明して五国恩を示す。（中略）かゝる厚き御仁恵を蒙り候へば、緇素同く公私につけて、更に違背なく、如実に相守たてまつるべき事ならんかし。」（庄兵衛伝・大系真宗史料一六六頁）のような王法遵守や、「因に、神明の本意、念仏行者を守護したまふにあり（中略）其祈心をやめて、本師の弥陀仏に帰し奉れハ、神ハ喜ひて其人を守りたまふなり、と諸神本懐集にあきらかなり。」（弥平次伝・同三〇一―三〇五頁）とある神祇への対応というような、当時の真宗教団にとって大切な問題に関する回答を示している部分が少なくない。

僧純は、物語で描いた人物の言行について、文末にわざわざ教義や聖教の典拠を明記する。それによって、物語に盛り込まれている念仏者の言動を各布教者が自由に合法する可能性を制限し、自らが推賞したい理想の信者像描写へと収斂させていく。このような合法方向を示唆する傾向は、十一例ある類似の人物伝を付加する評言や、よく似た事例を紹介する六個にも通底している。この数値は、僧純の評言の九割近くにのぼるといえよう。その方向は、当時の教団の社会性に関係する問題において顕著であった。つまり、仰誓のように念仏行者の生涯や逸話などを叙述する物語を論評なしで紹介している場合、それを使う側の力点の置き方、即ち合法の仕方によって、説かれる教えの内容もかなりの幅を持つことができたといえよう。それに対し僧純が行った合法の限定を通じては、当然描き出される教義も画一的とならざるを得ない。僧純の場合、同じ因縁を使用する限りにおいては、自由な布教は不可能であり、その内容は固定的なものとなったといえる。

写本から版本へのこうした変化の背景としては、やはり本願寺派教団が経験した未曾有の教学論争である三業惑乱《さんごうわくらん》の影響がうかがえるのではないか。浄泉寺とも交流があり経済家としても有能な僧純が『妙好人伝』を編集・出版しようとしていた時代にあっては、大きく揺らいでしまった宗意安心の要を再構築する営みが急務であり、そのためには唱導内容の固定化も強く要請されたと考えられる。あたかもこの時期、三業惑乱収息後の財政再建に重要な役割を果たした播磨国東保の本願寺派福専寺（兵庫県太子町）惠門（一七九一――一八六二）

によって、安心の要諦を巧みな譬喩因縁や独自の抑揚を駆使して見事に説く、固定性の高い東保流説教が創始されたのも、偶然の一致ではない。

本章では、妙好人を育んだ聴聞の場である法座について、布教の歴史やその構成法そして法座のあり方などを辿りつつ論じてきた。浄土真宗で開花した節談は、インド・中国以来の大衆布教の伝統を継承していた。そこには、豊かな節付けとともに、情念に訴える人間の物語を聞かせるパワーを包含していたといえる。高度な学識はおろか、文字の読み書きもままならない市井の人々は、そうした情念の布教を幾度となく繰り返し聴聞することによって、他力救済を説くみ教えを、単なる知的理解の次元を超えて、全身で受け止めていったのだ。

だが、妙好人たちの求法は、一方的な受け身ではなかった。法談の後で仲間の同行たちと真剣に語り合い、また布教使のもとを訪ね自ら思いを吐露していく場面も多々見られるようである。感動的な法座を媒介として、妙好人が生まれる。さらにその念仏行者のことばや生き方が、『妙好人伝』という新たなツールが登場することによって、節談の因縁話として紹介される。その結果、新たなる共振共感が醸し出され、次なる妙好人が誕生する。いわば、情念の布教である節談と妙好人には、不可分の関係性があったといえよう。だが、僧純による評言の付加を契機として、念仏者像の固定化と布教台本画一化へと進んでいった点も看過してはならない。

# 第四章

# 妙好人の群像

本章では、何人かの代表的な妙好人を取りあげて、今に伝えられているそのことばや人生の歩みを紹介しておこう。その際、近現代の思想家型妙好人にまで範疇《はんちゅう》を広げずに、あくまで苦悩に満ちた市井に身を置いた生活型の念仏行者に焦点をあてて眺めてみたい。

## 1　赤尾の道宗（?――一五一六）

赤尾の道宗は、蓮如に帰依した中世の人物であるけれども、江戸時代の『妙好人伝』に所載されるような妙好人的人物像のさきがけとして位置づけられている。道宗は、越中国南西部の山岳地帯である五箇山の最深部、飛騨との境界に近い赤尾の里（富山県南砺市西赤尾町）に生まれた。俗名は弥七（一説には弥七郎）で、角淵《つのふち》刑部左衛門の子、または平瀬家の二男ともいう。四歳で母と死別、十三歳の時に父を亡くし、親の兄弟の浄徳の養育を受けたとされる。蓮如は『帖外御文章（御文）七一』（一四九六・明応五年二月二十八日）で道宗を評して、いまだ三十歳前でありながら「後生ヲ大事ト思テ、仏法ニ心ヲカケ此六年ノサキヨリ当年マデ、毎年上洛」（真宗聖教全書五・四二〇頁）と褒めたたえている。道宗に関しては、岩見護『赤尾の道宗』がその日常を詳しく紹介し、広く知られるようになった。また、彼の遺跡行徳寺（大谷派・南砺市西赤尾町）には、史料が保管されている。

道宗は、蓮如から「近江ノ湖ヲ一人シテクメヨ」といわれても「畏《かしこま》リタル」と承知する

(『蓮如上人一語記』・真宗史料集成二・四五五頁)ほど、師を心酔していた。それゆえ蓮如も、夜分山科に到着した道宗と特別に面談する関係を結んでいたのであろう。六年間蓮如のもとで聞法した道宗は、故郷に戻り人々にすすめるために、安心の趣を記した書簡『御文章(御文)』を所望した。蓮如は、一端「文ハトリオトシ候ホトニ、タゝ心ニ信ヲタニモトリ候ヘハ、取リオトシ候ハヌ」と、書かれた文章が肝腎ではなく信心こそ第一だと教諭したけれども、翌年上洛した道宗に改めて『御文章(御文)』を書き与えた(『一語記』・史料集成二・四六八頁)という。道宗は、都で聴聞した蓮如の教えを、五箇山の人々に伝えようとしていた。ここには、浄土真宗伝道の基本姿勢である「自信教人信」の精神が脈打っている。そんな道宗の願いを熟知したうえで、なお文字化されたテキストの限界と身体化した信心の大切さを示した蓮如とのやりとりは、実に味わい深い。

道宗は、「只一ツ御詞ヲイツモ聴聞申ガ、ハシメタルヤウニアリカタ」(『一語記』・史料集成二・四四九頁)く聞法したという。それは、何回も何回も聴きぬいた話をいつでも真新しい気持ちで聴聞する宗教的な物語への身の委ね方ではないだろうか。知的合理的理解の立ち位置から求められるのは、つねに最新の情報ばかりだ。古くなった情報は、一顧だにされず捨て去られていく。とかく近代以降に生きる我々は、新しい情報をインプットするのと同じ姿勢で法座に臨む。だが、法座で語られる法義の要、そしてそれを指し示す譬喩や因縁の物語には、幾世代となく語り継がれてきたものが多い。だから、知的好奇心を満足できず、

「いつも同じ話ばかりだ」との批判を生む。しかし、理解したつもりの話が、果たして本当に身について、その通りに生きることができるのだろうか。道宗の「ひとつのこと」を「はじめたるように」聞きぬく姿勢は、そんな現代人に対して大切なメッセージを発信しているといえよう。

『蓮如上人御一代記聞書』には、有名な道宗の日常に関する心がけが伝えられている。

赤尾の道宗申され候ふ。一日のたしなみには朝のつとめかかさじとたしなむべし。一月のたしなみにはちかきところ御開山（親鸞）の御座候ふところへまゐるべしとたしなめ。一年のたしなみは御本寺へまゐるべしとたしなむべし。（註釈版一二四七―一二四八頁）

ここにいう「たしなみ」とは、同じ『御一代記聞書』一二三条（註釈版一三〇四頁）にある蓮如のことばのように、世間でいう好み親しむ意味ではなく、日常生活の中でふと懈怠《けだい》心の起こるとき、忘恩の我が身のさまを仏智の前で見つめなおし、また報恩の念仏を申されるようにしてくださる如来のおはたらきをいうのであろう。また、実如は父蓮如の「わがこころにまかせずたしなめ」との遺訓を体して、「こころにまかせずたしなむ心は他力なり」（同五五条・註釈版一二五〇頁）と語ったと伝えられている。自己中心的なわが心の赴くままに行動するのではなく、つねに心がけて努力する生き方こそ、他力であると述べている。まさに如来のお慈悲が生活の隅々にまでいきわたった生き方が、ここに示されているといえるであろう。

実際道宗は、蓮如亡き後の一五〇二（文亀二）年「思立候条」という二十一ヶ条の規範を書き遺している。「冥の照護と存じ候て、人知り候はずとも、悪しき事をば、ひるがえし候べき事」（六条）「仏法の方をば、いかにも深く重く信仰申し、我が身をば、どこまでもへりくだり候て、たしなみ申すべき事」（七条）のように、誰も見ていなくても常に自らを照覧してくださる如来の光に思いを馳せ悪事を翻意せよ、信心のうえからは我が身をへりくだらせ行いを謹めとの誡めは、念仏行者のたしなみの具体像といえるであろうか。

そんな彼には、断崖から庄川の激流に張り出した欅の木の枝にぶらさがり「ここ落ちたらば下は三悪道ぢゃ、落ちねばならぬが、どうぢゃ、よいか、よいか」と叫んだ（岩見四三頁）ことや、後に民藝運動の版画家棟方志功（一九〇三―七五）によって作品化された、弥陀の四十八願に支えられて生かされているご恩を忘れぬため、四十八本のごつごつした割り木を敷布団代わりに就寝した逸話（岩見四八頁）が伝わっている。そこには、一見他力易行の浄土門には似つかわしくないような自らを厳しく律する日常生活を垣間見ることができる。同時にそれは、仏法を単なる知識としてではなく、全身で受けとめる身体性を有していたといえよう。道宗にとっての「たしなみ」は、他力による救済をよろこびつつも、聴聞や称名の相続そしてときには厳しい生活規範を意味していたのだ。ここに、後世の妙好人たちの原像をうかがうことができるようである。

## 2 大和の清九郎（一六八〇―一七五〇）

本書第一章で明らかにしたように、仰誓にとって清九郎との巡り合いこそが、妙好人の物語採録の契機となったという。それほどまでに学僧仰誓の心をつかんだのが、清九郎であった。だが、仰誓が記した清九郎の物語は、僧純によって改変されていく。さらに僧純は、『崑崙《こんろん》実録』（一七六四年）・『和州清九郎伝』（一八〇一年）のような単行本の清九郎伝の内容も加味して、まとまった物語を編集した。

清九郎は、大和国高市郡矢田村（奈良県高市郡高取町谷田）の貧しい家庭に生まれ、幼少の頃に母の出生地である丹生谷村（高取町丹生谷）に移り住んだが、すぐに父を亡くしたという。母の生家は、大谷派因光寺の門徒であった。やがて下市近辺へ奉公に出た清九郎は、母を思いやり仕事の終わった夕方に奉公先から母のもとへ帰り、母の無事を確認し身の回りの世話をしてから、再び主人の家に戻り「モハヤ加減モ損シタル冷ナル」（大系真宗史料九頁）夕餉《ゆうげ》を感謝の内に食したと伝えられる。しかし、生来読み書きや勘定もままならぬ清九郎は、丁稚奉公を辞めてしまい、次第にすさんだ生活に身を持ち崩していく。母は、なんとか彼を立ち直らせようとして、法座で知り合った女性に頼んで清九郎と結婚してもらう。しかし清九郎の態度は改まらず、一家は山深い鉾立村（吉野郡大淀町鉾立）に居を移す。やがて夫婦の間には、こまんという女の子に恵まれるが、連れ合いは間もなく病に斃れてしまう。遂に清九郎は、連れ合いの死をきっかけに「我に先達ハ知識なりといひて、法縁を慕ふ」（同一一七頁）と、真剣な聴聞を始めたのだ。

またその入信については、鶯が「ホーホケキョー（法を聞けよ）」と自分の傍らを離れなかったとの逸話（同一〇頁）も遺されている。晩年の清九郎は、成長した一人娘のこまんに、こともあろうに無頼者の評判高い久六という男を娶《めあわ》せた。結婚後も放蕩やまぬ久六は、ある日清九郎が日々拝読する『御文章（御文）』を、燃えさかる囲炉裏の中に投げ込んでしまう。清九郎はそれを拾いあげ、如来の凡夫済度のご苦労と重ね合わせて味わい、このご縁を見せてくれた久六に感謝したのだ。このときの焼け焦げた『御文章（御文）』が、今も光蓮寺（大谷派・大淀町鉾立）に所蔵されている。さしもの久六も、悔い改め念仏者になっていったという。

版本『妙好人伝』には、老母を背負っての本山参りの話・母の枕を大事にする話・親孝行が認められた褒美を本山に寄進した話・正直な値段で薪を行商する話・東本願寺に進納する薪を丁重に扱う話・放蕩者の養子の改心譚・田を寄進する話・領主の母との問答・宗主と対面・家の修理より寺の仏具を優先した話・越中の旅・旅の感慨・泥棒被害の話・祖師の苦労を追体験した話・晩年と往生といった篤信な言行を所載している。これらの中で、枕・薪売り・養子の改心・田の寄進・領主の母・仏具寄進・祖師の苦労の逸話に関しては仰誓の写本になく、他の単行本に基づいた記述であろう。

朝枝は、清九郎を越中に同行させた玉譚《ぎょくたん》（一七二二―八二）が仰誓に宛てた一七四九（寛延二）年三月二十四日付の書簡を翻刻紹介している。この年は、仰誓が伊賀から二度にわたり吉野に出向き、清九郎と対面した年であり、清九郎はその翌年の八月四日に往生した。

とかく信ずるといふものハ愚痴ニならねバ信ぜられぬものにて候、清九郎・宗衛門をよくよく御覧被成候、一向かしこたてハ無御座候、これニよりて世に上野《ママ》なき信者と申事ニ而候、とかく雑行雑修自力のすたらぬと申も、かしこだてしての事ニ候、

（浄泉寺蔵・朝枝著作集四・一四三頁）

玉譚は、清九郎を仰誓に引き合わせた人であり、後に郷里の越中で学寮「善解室《ぜんげ》」を創設した学僧として名高い。玉譚は、この一節のように「ともかく信心というものは愚痴の身となり切らねば頂けない。清九郎や宗衛門を見ると、決して賢明な知識人ではないが、無上の念仏の信者といわれている。雑行雑修自力から離れられないのも、小賢しい学問知識に囚われているからだ」と、一歳年長の学匠仰誓に書き送っている。多くの大衆の救済を説く浄土仏教にあって、このような愚者の自覚は、源信（九四二―一〇一七）・法然・親鸞そして蓮

如へと脈々として受け継がれてきた。

しかし、往々にして煩瑣な学解の世界のみに埋没しがちな若い二人にとって、一見その対極に位置するような純朴な老念仏者の風光は、強い衝撃を与えたに違いない。二人は、そこに浄土仏教の原点を感じたのだろう。それゆえ、玉譚はその思いを仰誓に伝え、仰誓もこの尺牘《せきとく》を生涯大切に持ち続けたのだ。だからこそ、この史料が浄泉寺で発見されたのではないか。私は、およそ学問仏教とは無縁な、凡夫救済の生きた証しの存在をどうしても後世の人々に伝えたいとの慮いが、『妙好人伝』編集の原点のひとつであると考えたい。

そうした意味において、大和の清九郎こそ、明確な形での妙好人の最初の事例であり、またその典型となっていったといえるであろう。清九郎の生き方は、光蓮寺住職遠藤撮雄『妙好人清九郎物語』や近隣の浄迎寺（本願寺派・大淀町佐名伝）に住した著名な作家花岡大学（一九〇九―八八）の小説『妙好人清九郎』（一九六六年）などによって、広く知られるようになっていったのである。

## 3　三河のお園（一七七七―一八五三）

お園に関しては、僧純版本巻四下に短い伝がある。しかし、あちこちの法座に詣で「無我に法を貴ビよろこびける」（大系真宗史料二七七頁）と若干の事例を引いてお園を簡単に紹介するにすぎない。

一方『信者めぐり』（一九二二年）には、お園に関し十七個の逸話（六五―八四頁）が載せられている。この書物は、三田源七（一八四六―一九三三）が筆の行商の途次聞き及んだ法義話や念仏者の記憶を、晩年に面会した竹田太四郎（法名順道・一八七九―一九六四）が聞き書きし、それを宇野最勝（一八六三―一九三八）が編集したものである。宇野については、椿原了義・野世溪真了に随行した記録（『猟漁章説教』二頁・『宝来仏照寺説教椿原真福寺説教』四頁）があり、真了の説教の遺稿を整理編集している、節談椿原流の流れを汲む説教者であった。その後久我順は、『信者めぐり』を中心にして三十二個のお園の言行をまとめている。

『信者めぐり』に見るお園の言行は、どれも自分の知識やはからいで固めた信心で助かるのではなく、後生の一大事はすべて如来にまかせていく絶対他力の風光に満ち溢れていた。「お差支えなし御註文なし」ということばには、凡夫そのままの救いが見事に体現されているのだ。それらを列記すると、講習会での答弁が連枝を感服させた話・京都まで香月院を訪ねた話・仏法がないと嘆く住職を導いた話・「お差支えなし御註文なし」を勧めた話・自分の信心を雪達磨に喩えた話・煩悩繁盛こそ大切といった話・我が師匠を間違いない柱暦（カレンダー）に喩えた話・「疑い晴れよ」との説教を揶揄《やゆ》した話・「信を得るとはハイというまで」との語・「一生無駄骨折った」との臨終の領解《りょうげ》・「何時も火事場の真っ最中でおうせの他に後先なし」・「暗い処こそ光が御入用」と語る・暖簾《のれん》に引っかかった手拭から先手のお慈悲を味わった話・沼田に落ちた時「落としてまで見せておくれたか」と喜んだ話・周囲の批判を「総がかりのご催促」と受け止めた話・犬にも見捨てられた自己を顧みた話・空念仏との悪口を信心決定《しんじんけつじょう》後の糟念仏と喜んだ話のどれからも、一切我を交えない全分他力の姿を垣間見られるようである。（『信者めぐり』六五―八七頁）

またこの十七個の中には、お園が僧侶を批判する話が四例、自分の領解を法友に語る場面が七例含まれている。即ちお園は、大谷派宗主の血縁者である長浜の連枝の権威をものともせず、「ソウソウ御飯を食うて生きて御座る御方が分ったら大騒動、分らぬでこそ不思議と云ふかナ申し」といい放つ。さらにお園が中心となって同信のともがらが法義の相談をする会合の様子も記されている。もとより、在家者が著した『信者めぐり』の史料的性格も勘案しなければなるまい。一方、本山の権威を頂点とする宗門秩序への順応を説く僧純にとっては、お園のような同行の存在を喧伝すること自体躊躇されたのではあるまいか。版本に記載が少ない背景には、単にお園が大谷派の門徒であった点以外に、こうした彼女の姿勢に対する僧純の違和感があったかもしれない。

お園は、三河国渥美郡浦村（愛知県田原市浦町）で農漁業を営む八木覚左衛門の子として生まれた。八木家は曹洞宗の檀家であったという。八歳の頃、田原藩医であった鈴木家に奉公に出る。鈴木家は真宗大谷派・龍泉寺（愛知県田原市田原町）門徒で、十数年後息子の玄益（愚伯）は真宗寺院の娘を嫁に迎える。しかし、この女性は、二人の我が子を亡くしてしまい、心の平静を失い遂に実家へ帰されてしまう。その「後添え」として白羽の矢が立ったのが、お園であった。一方その間にお園は一度結婚するも、二人のこどもと夫に先立たれ、実家に戻ったとも伝えられている。彼女は形式上近くの医師の養女として鈴木家に嫁いでいるので、やはり周囲からの身分の隔たりを指弾する声や目に見えない嫉妬も大きかったにちがいない。それに加えて息子春山（一八〇一―四六）さえも成長するまで庶子扱いを受けたので、彼女の子育ての重圧は大変なものであった。お園は、我が子を道連れに命を絶とうとするほどの悩みを抱え、京都に出向き深励（香月院・一七四九―一八一七）の法談を聞き、悩みを打ち明けたという。深励のやさしい導きに救われた彼女は、真剣に聴聞を重ね、ありとあらゆる自分のはからいを離れる絶対他力の妙境に到達したのであろう。

成長した春山は、長崎で蘭学を学び藩医として活躍する一方で、日本初の西洋兵学書の翻訳も行っている。だが、一八三九（天保十）、年幕府の海防政策を批判したとして蘭学者たちが弾圧された蛮社の獄に際して、田原藩家老の渡辺崋山（一七九三―一八四一）は蟄居《ちっきょ》中に自害、翻訳仲間であった高野長英（一八〇四―五一）も入牢することとなった。お園は、逆境にあり困窮する渡辺家を支援し、崋山の母えいを誘って法座に足を運んだとされる。春山自身も、脱獄した長英を匿《かくま》う手助けをしていたが、一八四六（弘化三）年、母に先だって急逝してしまう。

お園は、その六年後に往生の素懐を遂げるが、臨終間際に法友の一人から「領解を聞かせてくれ」と頼まれると、彼女は「領解は何もない、一生無駄骨折っただけだった」とだけ答えたという。

## 4　石見の善太郎（一七八二―一八五六）

僧純の版本巻四下には、石州善太郎伝がある。そこには、梅の小枝を折った坊守を諭した話・「私は如来様の家においてもらいます」との語・札所巡礼者に本願を説く話・干柿泥棒に声掛けした話・盗人に「御苦労」と言った話・養子に聴聞を勧める話・本山への志を押し頂いた話・善知識への御土産を集めた話・上洛途中の寺にも拝礼した話・御褒美を独占せず親族同行と分かちあった話・生き物の命を取らぬよう心掛けた話・僧確の詠・「生々世々の初ごと」と踊り舞った話・果物の無人販売の収益を本山手次自分の賽銭に三等分した話・往生の後に「今清九郎」と讃えられた話を、「上村願楽寺」（本願寺派・島根県大田市温泉津町上村）からの伝聞として収録している。（大系真宗史料二六六―二六八頁）

一方、善太郎は、極めて筆まめで、知人に「法語」を依頼されたり、よく手紙を書いたという。しかし、その筆跡は独特で、判読は困難であった。善太郎の住居にほど近く彼がよく聴聞に通った光現寺（本願寺派・浜田市下有福町）へ一九二二（大正十一）年に入寺した菅真義（一八八九―一九七八）は、善太郎に関する資料の収集と解読、そしてその顕彰に尽瘁《じんすい》した。一九二六（昭和元）年にまとめた小冊子『芬陀利華』は、鈴木大拙の『妙好人』の巻末に転載され、川上清吉著『石見の善太郎』の底本になったという。また、こうした影響を受けて花岡も、『月夜念仏』（一九五六年）などの善太郎を題材とした童話を発表している。

『芬陀利華』には、三十五の逸話が収められている。その中で僧純版本にないものは、仏具磨きの話・喚鐘に返事し急ぎ参詣した話・ある同行が娘より教えを受けた話・牛の臨終に説教した話・念仏蟹と言われた話・報恩講餅つきの話・入信による人柄の変化・磯七との文通の話・小僧の説法も真剣に聴聞した話・聖人一流章を揮毫した話・死後も手次寺への取持ちを遺言した話・草餅説法の話・魚を逃がす話・近くの寺の聴聞を優先した話・寺の近くに転居した話・子や孫に「如来様のものだから頂いて食べよ」といった話・連れ合いへの癇癪を思いとどまった話・孫に「今死ぬかもしれん身」と教えた話・旅人を追いかけてまで法を説いた話・本願寺派宗主が参っていない善太郎の草履を見たという奇瑞譚・養女の本山参りを促した奇瑞譚・法座後に思わず躍りあがった話・同行に「自分は地獄行き」といった話・死後も本山参りの老女を援けた奇瑞譚・ご法義話に夢中になりついつい高い品物を仕入れてしまう話の二十五例である。菅はその後も資料蒐集を継続し、その成果を『妙好人有福の善太郎』にまとめて発刊した。現住職の菅和順も、その後発見された手記類を追加あるいは書き替えをして、この書の増補を行っている。

善太郎は、一七八二（天明二）年、石見国那賀郡下有福村（浜田市下有福町）の農家嘉戸

徳次郎・キヨの長男として誕生した。千田浄光寺（本願寺派・江津市千田町）の門徒であった。浄光寺には、現本堂の落慶の際に彼が「この善太郎がためにおみのりを聞けよと建てて下さいました」と涙にむせび、法悦のあまり思わず抱きかかえたという「善太郎泣き柱」が今も伝わっている。五歳の時、母キヨと死別してからの善太郎は、周囲の人々から「毛虫の悪太郎」と嫌われるような、荒んだ生活を送っていたようである。そんな彼が仏法に出会った経緯は明確ではないけれども、連れ合いトヨとの間に授かった四人の娘をことごとく早死にさせているのも影響していたとされる。

当時の石見は、浄泉寺「無成館《むじょうかん》」で学んだ明師たちが活躍していた時代であり、「小寄り講」と称する家庭で営まれる小規模な法座が日常化していた。善太郎はそうした環境の中で、念仏行者へと育てられていったのであろう。全てのこどもを喪った善太郎は、近重兵次郎・シマを後継者として迎えている。彼は、生涯に九度も京都の本山西本願寺参りをしている。陸路で広島に行き、そこから船で大坂へ、そして京都へ向かう道中は、困難な旅であったにちがいない。死の前年にも、浄光寺住職に連れられて参詣を果たしたが、帰路に体調を崩してしまい、自宅に戻って往生の素懐を遂げている。

善太郎の「法語」の多くは、「この善太郎は」という書き出しで始まっている。松塚豊茂は、これを「善太郎が善太郎として善太郎自身に到達した」「己事究明」の境地と位置づけた。まさに問われているのは、他人事ではない「この私」なのだ。

この善太郎は
お慈悲のかたまりの善知識さまのご意見、遇うてみれば
この善太郎は
落ちる落ちんのとゆう間はないげに候う
この善太郎は
このなりゆきが地獄の道中、きのうも地獄の道中
きょうも地獄の道中、今宵も地獄の道中
この善太郎は
このなりゆきが、落ちるばかりのこの善太郎なれども
お慈悲の善知識さまのご意見を、耳に聞いてみれば
この善太郎は
生々世々の初事に、どがあもせずにこうしておいて
この善太郎は
阿弥陀如来の清浄真実のおまことひとつの
なむあみだぶつさまのおいわれさまで、引きうけて
助けてやろう、救うてやろうのご意見とは

この善太郎は
やれうれしや、なむあみだぶつ、なむあみだぶつ
この念仏は、この善太郎いのちあらんかぎり
ご恩報尽とこころうべきものなり（『妙好人有福の善太郎』一〇九―一一〇頁）

弥陀のお慈悲を聴聞して見えてくるのは、どこまでいっても地獄必定の我が身の姿。だが、仏法を我が身のうえに初ごととして聴聞すると、そんな自分のためにこそ働いていた救済の真実にめざめていく。私はそのよろこびの中に、ただ念仏申しているのだ。善太郎のことばの中には、『御文章（御文）』の表現が、さりげなく散りばめられている。他の手記には、『阿弥陀経』・『横川法語』・『教行信証』などの漢文の聖教を下敷きにした言句も見受けられるという。彼がこのような難解な仏教用語を身に染みこませているのは、情感豊かな法座での聴聞の結果に他ならない。

## 5 讃岐の庄松（一七九九―一八七一）

讃岐の庄松として知られる谷口庄松は、一七九九（寛政十一）年、讃岐国大内郡壬生村（香川県東かがわ市土居）において、小作農家の谷口清七の子として生を受けた（一説には一七九五・寛政七年丹生村小砂出生ともいう）。ま

た近年、庄松は清七の実子ではないがゆえに、集落のこどもたちから「いじめ」を受けたとの伝承も紹介されている。三本松の勝覚寺（興正派）の門徒であり、当時の住職融海は彼を我が子のようにかわいがったという。庄松の時代の興正寺は本願寺派に属しており、この頃の西本願寺教団では三業惑乱の余燼《よじん》くすぶる状況であった。若き日の庄松も、一時この身口意の三業にかけて弥陀を頼む三業帰命説の影響を受けたが、勝覚寺周天の糾明によって、他力の信一つで往生を得る一念帰命の立場に入った、とされる。彼は周天を師と仰ぎ、終生「周天如来」と崇め続けた。

庄松の日常について詳しくはわからないが、近隣の農作業の手伝いや藁細工などの手仕事を生業とし、時には子守や寺の雑役に雇われることもあったという。彼の言行をまとめた『庄松ありのままの記』の編者は、「其人と為り玩愚《がんぐ》無欲にして娶らず世を見ず。生涯東西に意行して能く人を諭せり、その諭ぶり質朴、ありの其ままにし、皆能く自ら御法義に適うて、面白くかつ有難し。」（一頁）と評している。たしかに彼は読み書きや勘定の能力に劣っていたけれども、無欲であり結婚もせず、世間体も気にしなかった。しかし、庄松篤信の評判は各地に広がり、求められるままに色々な縁を頼って、あちこちに赴きみ教えを伝えた。その語りぶりは何の飾り気もなく、皆がごく自然に教えの要に出会えるような感動的で尊いものであった、のであろう。

庄松の死後、北海道からその教化に会うべく訪ねてきた徳太郎という同行が、庄松を知る多くの人々から生前の話を聞きだした、それをもとに小冊子として編集されたのが『讃岐国庄松法話ありのままの記』である。この書は大変な好評を博し、挿絵を加え合冊されたり版元をかえながら、現在も永田文昌堂から『讃岐妙好人庄松ありのままの記』として版を重ねている。永田版には、正編二十四例・続編五十七例の長短の逸話がまとめられている。

この中で最も数が多いのは、如来による救済の境地を素直によろこんだ話である。

或人京都より出張せる名僧の説教を聴聞し、非常に感じて独言《ひとりごと》に「今日の説教は如何にも有難かった、日頃邪見の角が落ちた」と云えば。庄松傍に居て「又生えにゃよいがのう、角がある儘《まゝ》ときこえなんだか」と云われた。（四九―五〇頁）

おらが本願つくったでなし、助けてやるものを持《もっ》ているでなし、何も聴かせるようなものはない、おれやお前を生まれさせずば、正覚とらぬと誓を建てた仏が、今ここに正覚とってあるじゃないか。これでも不足なのか。（七二頁）

次に多いのは、身体全体で法悦を表現する姿を描いたものである。即ち、本堂で逆立ちし「おまえ達が（地獄へ）落ちてゆく真似じゃ」（七頁）といい、仏前で「親の内《うち》じゃ、遠慮はいらぬ」と寝そべったり（二七頁）、逃げ回る住職を追いかけ「摂取不捨とはこれなり」と教えたりする（八三―八四頁）のだ。そこには、まさに学問知識ではなく身体化した救いが表現されている。

第三番目には、同行の理屈っぽい領解を揶揄する話が多い。

勝次郎曰く、如来を頼むと申すは如何にたのむ。庄松曰くお前は弥陀を頼んだことはないと見える、如来を頼んでみよと申され候。（三九頁）

（ある僧侶が）此大無量寿経の下巻の、此処の御文を読んでみよと云えば、庄松の答えに庄松を助けるぞよ助けるぞよとかいてあると云われたと。（五五頁）

（ある人が）地獄や極楽がありとはいえど、目に見えぬゆえ疑がはれぬと云えば。庄松「この向こうの山の南に阿波と云う国があるぞ」と云われた。（六〇頁）

彼は、あたかも禅問答のような一喝で相手の分別臭い理解を論破していく。鈴木大拙が彼に禅者の風格を感じとったのも、首肯できるであろう。庄松の歯に衣着せぬ批判の矛先は、信心の薄い住職や寺族にも向けられていく。

（ある寺で住職と坊守の夫婦喧嘩を）見て大声あげて「菩薩さんの、けんかは、今が見初めじゃ」と云われた。（六五頁）

寺へ来て見ると仏法はない、人にすすめるだけで、ないものをあるように教えて居るの

ではないかと思われてならぬ。（八二―八三頁）

むろん『庄松ありのままの記』の原作者が在家同行であることも加味しなければならないが、代官に苦言を呈したり（六六頁）、興正寺法主にまで赤い色衣の袖を引っ張りながら「アニキ覚悟はよいか」と豪語した話（四五―四九頁）はよく知られている。このように彼が、一切の権威を認めない天衣無縫の振る舞いを続けたのは、おそらく事実であろう。

また庄松は、蓮如の『御文章（御文）』を、ことのほか大切にしている。彼は「聖人一流の御文又は末代無知の御文を百辺よむべし、然らば信心は得られるであろう」（三七頁）と語った。そして臨終間近にも、見舞いにきた法友に、五劫思惟の『御文章（御文）』を拝読してもらい「じょうぶじゃじょうぶじゃ」（八八頁）と、如来の救済の確かさを喜んだのだ。さらに死の直前、同行から「立派な墓を建ててやる」（八八頁）と慰められたときに、「おれは石の下には居らぬ」と答えたという。

### 6　長門のお軽（一八〇一―五六）

僧純版本の巻三上の末尾に「長州於軽《おかる》」として、彼女が三十五歳のときの「歓び歌」十六首と一八三五（天保六）年、博多の禅僧仙涯（一七五〇―一八三七）がそれらの歌に感銘してよんだ「信をえし　人の喜ぶ　言の葉ハ　かな

にあらハす　経陀羅尼なり」（大系真宗史料二一四頁）という和歌を紹介している。僧純の『妙好人伝』において存命中の人を掲載しているのは、唯一お軽だけであるという。

お軽は、一八〇一（享和元）年、長門国豊浦郡六連島（山口県下関市六連島）で、大森岩吉の次女として生を受けた。姉は、幼少の折に病没したので、彼女が家督を継承しなければならなかった。しかし、こどもの頃から勝ち気で男勝りの激しい気質は、周囲の人々に理解されず、なかなか縁談が調わなかったという。十九歳の時、実直と評判の高かった二十八歳の幸七を婿養子に迎えたけれども、幸七にとっては不本意な結婚であったとも伝えられている。お軽は、よく幸七に尽くし、二人のこどもにも恵まれた。しかし、悲劇は程なく訪れる。幸七は、農産物の行商先で知り合った、あるサツマイモ問屋の女性と関係を持ち、次第に六連島へ戻ってこなくなってしまった。遂に幸七の不貞を知ったお軽は、嫉妬のあまり逆上したけれども、周りの目はむしろ幸七に同情的でさえあったという。そのことが、お軽の絶望をさらに深めたようである。

悩みぬいた末に彼女は、島でたった一つの寺である本願寺派・西教寺の門をたたいた。お軽の思いのたけを聞いた住職の現道は、「夫の不貞がなければ、お前は仏法を聞くことはなかった」と、逆にたしなめたのだ。お軽は一端はさらに激怒し寺を飛び出したが、現道のことばを縁として我が身を振り返るようになり、西教寺に通うようになっていく。何事にも一途なお軽は、あちこちに聴聞の機会を持ち、真剣な求道と聞法の日々は、約十年に及んだ。

風邪をこじらせ肺炎を患った三十五歳のお軽は、生死の境をさまよったという。目覚めたとき彼女が求めたのは、住職現道から仏法を聴くお取り次ぎであった。不在の現道に代わり枕辺に駆け付けた若院逢山の姿を見て彼女は歓び、後日島に戻った現道の前で「我執を離れられない自分だからこそ如来様が居ってくださるのだ」と己の領解を打ち明けたのだ。そのとき、はじめてお軽の口からことばが自然に溢れ出てくるように、歌が出たのだ。読み書きのままならぬ彼女に代わり、それを現道が書きとどめた。

聞いてみまんせまことの道を　無理な教えじゃないわいな
まことときくのがおまえはいやか　なにが望みであるぞいな（『妙好人おかるの歌』一頁）

病床にあって彼女は、幾度となくこの歌を口ずさみつつ、涙を流したという。何遍も聴聞してきた「まことの道」とは、決して「無理な教え」ではなかったのだ。これが、お軽のめざめであった。彼女の置かれている客観的環境は何一つ変化していないけれども、それへの向きあい方を変えることで命の状態である境涯は劇的に転換しているのだ。

その後お軽は、たくさんの歌を詠むようになっていく。その歌は、現道によって筆記され流布していった。その数は、俳句十二首・和歌四十二首・よしこの節十六首・都々逸十八首・かぞえうた二首・雑詠二首にのぼるという。彼女は西教寺住職の弟超道から俳句を習い、現道の次男大龍から和歌の手ほどきを受けたとされる。たしかにその歌には常に七五調のリズムが通底している。しかし、文字を知らないお軽が最も多く耳にしていた七五調の語りは、毎日読誦する和讃や法座で説かれる節談の「セリ弁」と称する結勧ではなかったか。第三章で述べたように節談においては、物語が最高潮に達した段階で、それを話の主題である讃題に照らして簡潔に意味づけ、ただちに結びへと移行する。くどくどした論理的解釈や補足説明などは、一切必要ない。ほとんどの法談の終わりは、七五調の麗句を散りばめた歌によく似た韻文で締めくくられるのだ。

南無ハ頼ム機ナリ　阿弥陀仏ハ助ケ玉フノ法ナリ　カヽル謂レガアルユヘニ
イカナル女人悪人モ　息切次第極楽参リ　安堵の上ヨリ御慈悲嬉シヤ
南無阿弥陀仏（野世溪『信心獲得章説教』九丁）

これは、幕末から明治期に活躍した野世溪真了のセリ弁の原稿である。こうした七五調で教えの要を鼓吹する節談の結勧が身についていたからこそ、お軽の口からごく自然に七五調のご法義歌がこぼれ出たのではないだろうか。

我が身領解は夕立雨よ　土のいらきに（乾きに）たまりゃせん

鮎は瀬に住む小鳥は森に　わたしゃ六字の内にすむ（『妙好人おかるの歌』二六・三七頁）

こうしたお軽の歌に用られている表現は、これまで彼女自身の感得したものであると考えられてきた。しかし、六連島には鮎が遡上するような河川はない。こうした言い回し自体は、おそらく親鸞の和讃のリズムや説教者の語った譬喩や結勧を何回も繰り返し聴聞し暗誦する中で、次第にお軽の身についていったものであろう。

み教えにであったお軽の遺した歌には、厳しく自己を見つめる姿勢と穏やかな法悦の心境が謳いあげられているのだ。やがて夫の幸七とのわだかまりも氷解し、共に西教寺の法座へ参る晩年のお軽の姿をよく見かけたと、六連島の同行の間で伝えられているという。お軽は、一八五六（安政三）年、「なきあとに　かるをたづぬる人あらば　弥陀の浄土に……」と詠みかけ息たえて往生を遂げた。彼女の歌とその壮絶な人生は、西村真詮や大洲彰然によって広く知られるようになり、児玉識の分析や石田法雄による英訳もなされていく。また、藤野宗城の節談では、その歌に独自の節を付け、今も情感豊かに語られている。

## 7　椋田与市（一八四一―一九一三）

椋田与市は、一八四一（天保十二）年、近江国坂田郡入江村（滋賀県米原市磯）の農業椋田作治の三男として誕生した。二人の兄・姉・弟・妹の六人兄弟であった。彼は、十五歳の頃から求道の志篤く、二十歳頃に寺参りのしやすいように兄の家を出て一人暮らしを始めたという。与市の日常は、所有する農地が少なかったため、一ヶ月を三分し、十日を自分の畑の耕作に費やし、次の十日は他人に雇われ、残りの十日間は仏法聴聞に明け暮れた、とされる。実際彼の言行録にも、畑で取れた大根を彦根長浜の街へ売り歩いた様子や、入江を埋め立てて米原駅を建設する作業に従事した話が盛り込まれている。二十六歳で美濃国安八郡の中津むめと結婚後は四男一女を授かったが、貧しい生活の中での聴聞は一生涯終わることがなかった。

第三章で紹介したように与市に関しては、一九〇二―一三（明治三十五―大正二）年頃に近親者の手によって成立したと思われる日常の言動三十四例をメモした写本『与（與）市話記』と、一九四二（昭和十七）年、手次寺住職河村義雄が編集した刊本『是人名分陀利華――與市同行念仏抄』（六十二例掲載）の二つの史料が現存する。写本三十四例中の八例が、刊本に収録されていない。一方刊本には二十二例の写本所載の逸話が収められている。おそらく、河村は一九四二年段階でこの写本を含むいくつかの素材に基づいて、言行録を編んだのであろう。写本に多く見られるのは、救いのよろこび十七例・周囲への教化九例・寛容性七例という順番である。刊本では、救いのよろこびと法友との交流が十五例と最多であり、求道聞法九例がそれに続く。さらに写本と比べ刊本に顕著なのは、殺生を誡める話や本山崇敬の逸話である。

かくして、写本と刊本の伝える与市像の特質をうかがってみよう。写本ではほとんど見られない与市の貧しさを伝える話や不殺生・本山崇敬の側面が、刊本の中心に据えられていく。逆に写本にありながら刊本で捨象されていくのは、「法の深信」ともいえる如来の廻向をよろこび、それを周囲の人々に伝えようとする与市の姿であった。写本においては、母や妹にむいて如来に救われていく尊さを語り、報恩講や家族の年忌法要の意義を参詣者に説き聞かす姿が描かれていながら、それらを刊本は伝えていない。こうした微妙な相違に関しては、僧分の描こうとする妙好人像と在家者の視点との関係性において、今後深められるべき課題ではなかろうか。

また与市には、説教者との細やかな交流のありさまが伝えられているのは、すでに指摘した通りである。与市の臨終間際に野世溪真了は、多忙を極める布教日程の合間を縫って病床を訪ねたのだ。

付添看護人ノ話　与市ガ死病ノ際ニ　某僧ガ見舞ニ来テ曰ク「聴ケバ今度ハ余程ノ由ジャガ　定メシツラカロウ　然シ最少時ノ間ジャカラ勤メテ喜バシテ貰ヲゾ」ト云ヒマシ

タラ　与市ハ「ハイ」ト返事ヲシタキリ無言デアリマシタ　少時スルト　某僧モ帰ラレマシタ所へ　浄楽寺老院ガ出遭ニ御越シニナリマシタラ　病人ハ顔見ルナリ老院ニ申サルニハ「只今某曽《ママ》ガ来テ　私ヲイジメテカエヒラレマシタ」ト云ハレマシタラ　老院曰ク「何ト云フテイジメタカ」ト尋ネラレタラ「平日デ際ヘ喜コベヌ私ニ　此ノ場ニ至テ『最少時ジャーカラ心棒シテ喜ベ』ト　イジメテ帰ラレマシタ（『与（與）市話記』）

死の間際まで「自分の力では何一つなしえない」という与市の告白を、真了はどんな気持ちで受け止めたのであろうか。

また、真了の『布教日誌』一八九一（明治二十四）年二月二十三日条には、五十一歳の与市が施主となり、真了を招聘《しょうへい》して在家法座を開いた記録がある。真了は自身の備忘録として日誌の巻末に「法礼記」を添付しているので、与市の進納した法礼の額が「壱円」であったと判明した。これは、「法礼記」の他の記述を眺めてみても、決して少額ではない。与市はこの二年前に母たきを亡くしているので、あるいは亡き母の三回忌を縁として精一杯の「法供養」をなしたのではないだろうか。『与（與）市話記』には、「我々ガ仏説ヲキカサレテ喜コバセテ貰フカラ　我々ニ功徳ガ有ルノジャカラ　先祖ノ御蔭ヲ忘レヌ様ニ　忌日ハ大切ニ務メネバナリマセン」と、年回法事の意味を家族に語っていたのだ。

一八七九（明治十二）年、与市は、「法義篤信之上より真俗に付奇特之行不少候趣」により本山から賞状と念珠を授与されたという。しかし、彼は「一把の大根を束にするにも大きなのを外に並べ小さいのを内に入れて全部大きな大根のように見せかけて、人目をごまかして高く売る工夫をしているのです。それを今本山から奇篤な同行じゃ、感心な信者じゃなど賞められて見ると、も早やそんなことも出来なくなり、飯を食うに困って来ます。」と、受け取りを固辞したという（刊本三〇頁）。このような如来のまなざしを常に感じながらあくまで仏法の価値観を貫く生き方は、当時の教団において鼓吹され続けていた仏法を内面（心）の問題に限定し、生活は俗法（世俗の倫理道徳）に従えという「真俗二諦論」ではとらえきれないのではないか。

## 8　因幡の源左（一八四二―一九三〇）

因幡の源左に関しては、一九四九（昭和二十四）年、源左のふるさと山根の里（当時の鳥取県気高郡青谷町山根）に滞在し、生前の彼をよく知る人物から詳しい聞き取りを行いまとめられた、柳宗悦の名著『妙好人因幡の源左』に詳しい。本書は、後に病床にある柳の依頼によって、源左手次寺願正寺（本願寺派）の住職衣笠一省の手になる改訂増補を経て、版を重ねていく。この書には、三百例近い逸話と詳しい伝記や関連資料が収められているので、源左を知る際の基本資料となる。

因幡の源左としてよく知られる足利源左（本名は「喜三郎」、「源左」は土地の習慣による

「名開き」後の通り名「源左衛門」に基づく）は、一八四二（天保十三）年、因幡国気多郡山根村（鳥取県鳥取市青谷町）に父足利善助・母ちよの長男として生を受けた。二人の弟と二人の妹がいたという。生家は農業の傍ら、楮《こうぞ》を材料とする名産因州和紙漉《す》きを営んでいた。一八五九（安政六）年、父善助が流行り病で急死、一家の担い手として家族を支えたようである。翌年には鳥取藩から勤労と年貢上納そして周囲への支援に対する表彰を受けている。一八六二（文久二）年には、村内の小林くにと結婚し三男二女に恵まれるけれども、五人のこどもたち全てに先立たれてしまう。さらに二度の火災に遭遇したほか、田畑八反や持山も他人を信用したために手放さざるを得なかったのだ。源左の一生は、まさに波乱万丈であったという他ない。一九三〇（昭和五）年、八十九歳の長寿を全うし、称名の内に息絶えたという。

源左が仏法に出会った最初のきっかけは、父の今わの際のひとこと「おらが死んだら親様たのめ」（柳宗悦・衣笠一省『妙好人因幡の源左』二頁　以下頁数のみ記す）であった。この日から彼の中で、「死とは何か」「親様とはだれか」という疑問が芽生え、一刻も止むことのない自問自答が始まったのだ。半年ほどして願正寺を訪ね、住職の芳瑞に教えを乞うた。芳瑞は「源左、もう聞こえたな、有り難いなあ」と仏の声が届いているよろこびを語ってくれたけれども、どうしても源左には如来のよび声は聞こえなかった。彼はあちこちの法座に参拝して聴聞を重ね、京都の本山西本願寺へも歩みを運んだのだ。

やがて十年余りを経たある夏の日、六把の刈草を牛の背中に負わせようとしたとき、「ふいつと分らしてもらった」（三頁）という。自分が刈った草の束は、本来自分で背負うべきものである。だが自分には、背負う力もない。それを易々と背負ってくれる牛がここにいる。草束は自分が重ねた悪業、牛は私の業を引き受けてくれる阿弥陀如来の姿だった。源左は「勿体なう御座ります。ようこそようこそ、なんまんだぶつ〳〵」（四頁）と、よろこびに満ち溢れたという。このとき彼の口をついて出た「おのが使ひに、おのが来にけり」（三頁）という親鸞を象徴する表現こそ、節談の常套句であった。読み書きのできない彼の中に薫習されていたのは、紛れもなく十年間の法座での聴聞であったといえよう。

源左のめざめは、まず自己の虚偽性を凝視し続けることから始まっていた。自分は偽同行だといった人に対し、「偽になつたらもうえゝだ。中々偽になれんでのう」（二四頁）と語ったという。自らの罪悪性への気づきが、第一歩なのだ。だがそうした「おらがやあな底下の泥凡夫に、なにが仏になるやあな甲斐性が御座んせうに。だけっどなあ、親様が仏にしてやるとおつしやいますだけに、仏にして貰ひますだいなあ」（一九頁）という。まさに泥凡夫が救済のめあてだったのだ。

源左は、勤勉でいかなる時も骨身を惜しまず働いた。冬の朝も、「親さんはないや、幾萬劫も氷の中で此奴《こやつ》にかゝらはつてなあ。寒いつちやあな、仕事にかゝりや、ほっこり〳〵するぞいのう」（二八頁）と、早起きして仕事にかかったという。また、どんなに辛いことに出会っても、「如来さんからの御催促で御座んす。之でも往生は出来んか、之でも出来んかと、御催促で御座んすわいなあ。ようこそ〳〵、なんまんだぶつ〳〵」（三二頁）と受け止めていた。

彼は、柳をして「文字の道を通して思索する機縁を持たずに終わった」がゆえの「行動の人」と評さしめるように、しばしば世間のもめごとの仲裁を頼まれたり、困っている人に力を貸したりもした。しかし、決してそれを自慢したりその対価を求めるのでもなく、いつも「させてもらうよろこび」を感じていたのであろう。そして源左は、多くの法友に求められるままに、遇法のよろこびを語り合った。「御法話に来いつて招待があつで、ついて行くだが、人様から色々のお尋ねが出ると、する〳〵と答えさして貰《むら》ふだがやあ、何にも知らんおらが云へるなあ、全く親様の御恩だで、有難いむんだいのう。我《われ》が言ひながら我《われ》が聞いて我《われ》が喜ぶ。我《われ》といふことはないだでのう。」（九四―九五頁）と、仏法を語り合う座談会において自然に味わいを述べられるのも、すべて如来の働きとよろこんでいるのだ。

彼は布教に出る願正寺住職に「御院家さん、説教に出なはつても、おらが説教が上手だと思つてつかはんすなよ。おらがえゝちゆう説教をしなさんすなよ、ありのまんまを云つてつかんせえ、えゝ悪《わり》いは聞く人がよう知つとりますけんのう」（九三頁）と、布教使の思いあがりを誡めている。やはり、如来のお慈悲を共によろこぶことこそ、源左の社会的営みの原点なのだ。源左のことばとして広く流布しているものの一つに、「こまつた時にや、お念仏に相談しなされや」（八〇頁）がある。その一方で「真俗二諦の御教えに、お流れを汲まして頂」くと述べ「お上」のご恩を口にしながらも、彼の実人生を貫徹した生き方は、お念仏を価値観の尺度としていたと見てまちがいない。

## 9　浅原才市（一八五〇―一九三二）

浅原才市が妙好人として世に知られていった端緒は、才市が毎朝参詣していた安楽寺（本願寺派・島根県大田市温泉津町小浜）住職梅田謙《けん》敬《きょう》（一八六九―一九三八）の甥にあたる寺本慧達（一八九六―一九五五）が、一九一四（大正三）年に叔父の寺で才市に出会い、「正直な、誠実の「かたまり」のような姿」に魅せられたことに始まる。寺本は、一九一九（大正十三）年、富士川游（一八六五―一九四〇）が主催する『法爾』に「生ける妙好人・浅原才市」を発表し、「口アヒ」という彼の歌のいくつかを紹介した。これが縁となり、富士川の所属寺の住職である藤秀璻が着目し、自著『大乗相応の地』（一九四三年）に「妙好人才市の歌」と題する一文を掲載した。それが、西谷啓治（一九〇〇―九〇）を通じて、東京の鈴木大拙の目にとまったのだ。鈴木は、『日本的霊性』・『妙好人』において才市を高く評価したので、その名は世界的に知られるようになっていく。才市の研究は、鈴木門下の楠恭や佐藤平によって続けられたのみならず、また川上清吉や水上勉（一九一九―二〇〇四）、そして近年の菊藤明道など多彩な論者による才市像が示されてきた。その一方で、才市の手次寺《てつぎでら》涅槃寺（本願寺派・島根県江津市後地町）住職であった高木雪雄《せつゆう》によって、才市の実母や博多の名刹萬行寺（本願寺派・福岡市博多区祇園町）の七里恒順（一八三五—一九〇〇）に師事したことなど、従来の伝記を書き換えるような新説が提示された（一九九一年『才市同行』）。才市伝の研究には、なお多くの問題点があるといえよう。

浅原才市は、一八五〇（嘉永三）年、石見国迩摩郡大浜村（島根県大田市温泉津町）の代々刀鍛冶を営む浅原要四郎の子として生まれた。要四郎は、浅原家の手次寺涅槃寺の法務を手伝い「西教」という法名を受けていたという。母に関しては、従来「スギ」とされてきたが、高木は涅槃寺過去帳にある一八六八（明治元）年に逝去した「トメ 小田村 才市母」を実母と考えている。高木説に従えば、彼は成人する前に実母を喪ったこととなる。一八六〇（万延元）年、父方の祖父の実家へ大工仕事の年季奉公にいき、一八七四（明治七）年には竹内セツと結婚する。一八七九（明治十二）年に福岡県方面に移り住み、船大工を生業とした。高木は、この間に七里恒順の教化を蒙ったと推定している。一八八二（明治十五）年、本山に参詣し帰敬式を受け「釈秀素」の法名を授かった。一八九五（明治二十八）年には連れ合いセツも帰敬式を受けている。一九〇七（明治四十）年、九州を離れ、郷里の小浜に戻り、翌年には下駄の製造販売を行う店舗を開業した。

彼はあちこちの寺の法座に通ったが、特に指呼の距離にある安楽寺の晨朝《しんちょう》には欠かさず参拝したという。ちょうどその頃、石見の浄土真宗寺院では新しい教化組織「宣教会」が結成されるが、才市も発足当初からの会員であった。一九一三（大正二）年頃からは、梅田の勧めに従い「口アヒ」と称する法悦の歌をノートに清書しはじめる。一九一四（大正三）年には先に述べたように寺本と出会い、彼の論文が発表されるや、一九二〇（大正九）年に本山より「紺紙金泥六字尊号」の褒章を受け、その前年には著名な「角」のある肖像画が完成した。その後才市は、一九三二（昭和七）年に八十三歳で往生している。

彼は、下駄を削りながらふと頭に浮かんだ法悦の心境を、その場で木屑にメモしておいて、夕方の勤行が終わるとそれをノートに書き写した。翌朝、安楽寺の朝事のお勤めが終わった後に、梅田に見せるのを日課としていたという。その数たるや、散逸したものや未発見のものも含めると、一万首を超えるのではないかといわれている。彼の文字は、「二よらい三（如来さん）」「上をど（浄土）」「丁もん（聴聞）」「明をご（名号）」「き明（帰命）」などの当て字交じりのたどたどしいものであるけれども、そこには実に深遠な世界が歌われているのだ。

彼の膨大な歌の中で、かつて私自身がその翻刻作業を身近に拝見し学習させて頂いた経験のある朝枝紹介の（著作集三・四三二―五四二頁　以下頁数のみ記す）四百四十四首の中からいくつかを取りあげて、その特色を味わってみたい。「うれし　よろこび　初ごとで　親と知られた　なむあみだぶつ」（四六六頁）。才市は、道宗や善太郎と同じく日々の聴聞を

「はつごと」として大切にしていた。そこから見えてくる世界は「わたしゃ　悪いばうかし　あなたは　良いばうかし　南無は慚愧で　あなたは歓喜　慚愧　歓喜の　なむあみだぶつ」(四五九頁)という機法一体の姿であった。たしかに才市には、「ありがたいな　浮世から　弥陀の報土をたのしむこころ　もろたお慈悲が　なむあみだぶつ」(四五四頁)のように、現世性の強い味わいも見うけられ、近代的思惟の影響を指摘する論もある。だが才市は、「後生のをやさま　なむあみだぶつ　なむあみだぶつが　わしがをやさま」(四五一頁)や「つぎの世に生を得て　衆生済度させていただく　なむあみだぶつ」(四四六頁)のように、あくまで往相・還相二廻向の水際をしっかりと受け止めており、近代教学が陥りがちな合理的思惟を優先する現世往生論とは等質でなかったといえよう。

才市に関しては、柳が「信心を自らのうちに向け」「済度の希ひを果たすことが稀であった」というように、社会性の希薄さが指摘されてきた。しかし才市にも、近隣を徘徊する貧しく身寄りもない「新吉」という男に一生懸命念仏を勧める逸話や、地震・凶作・噴火などの災害に際して義捐《ぎえん》金を拠出した記録が複数遺されている。もとより、社交性積極性は源左に比べ多くはないけれども、彼も自身の置かれた環境の中で精一杯の「教人信」をめざしていたといえるであろう。

## 10　斎藤政二（一九一九—八四）

斎藤政二は、『妙好人伝』揺籃の地である浄泉寺の門徒で、昭和の最末期に住職の朝枝善照によって紹介された妙好人である。政二の死後、生前にしたためていた短歌の原稿と写経を目にした朝枝は、歌稿ノートを年月に従って辿りつつ、「死から生へと、死の恐怖、病の苦しみが、お念仏の聞法によって、自己の無限なる世界への開眼として人生讃嘆の歌として詠み込まれて行く」過程を描写した。朝枝は、それを『いま照らされしわれ・安芸の妙好人斎藤政二小伝』として一九八五（昭和六十）年に出版している。

斎藤政二は、一九一九（大正八）年、広島県山県郡雄鹿原村（北広島町空城）において斎藤章二・タケの次男として生まれた。「母五歳　父八歳に逝きたまふ　弥陀立ちよべり六十路こえきて」（朝枝善照著作集五・一九〇頁　以下頁数のみ記す）とあるように、幼少にして両親に死別している。父の弟が、成人するまで後見を務めたという。一九四〇（昭和十五）年には「近衛歩兵一連隊」に入隊し、一九四二（昭和十七）年まで皇居警備の任に当たった。戦前の近衛兵は、極めて誇り高かったという。政二は「近衛兵　剣術賞に射撃賞　若き血潮も　今老いにける」（二〇二頁）、「軍馬ひき　勇ましかりきたなごころ　六十路や珠数に引かれ其の手も」（同右）と、剣に射撃に馬術に武勇を競った自分が、老境に至り念珠に手を引かれる身となったことをしみじみと噛みしめていく。

また「平和なる　世に進学の孫ありき　近衛語らん　六十路をこえきて」（同右）と、平和な世の中に生まれ自由に進学することができる孫に、自分の体験を語ろうとしているのだ。

政二には原子爆弾に関係する、次のような五首の歌がある。

「原爆のしげき生死の娑婆に出て　えにしよろこぶ　親のみひかり」（一七九頁）
「光にも聖の光十二あり　いとかなしきや広島の光」（同右）
「核たやせさけびや高し広島の　とわの平和を親の誓に」（一八〇頁）
「反核と求法にもゆる安芸門徒　しんらん様にひかれ渡る白道」（同右）
「人の智慧すぐれし悪の火となりぬ　核をたやさん親の智慧かり」（同右）

これらは、戦争を肌感覚で知っている世代であり、なおかつ世界最初の被爆県「ヒロシマ」に生きる人間の痛烈な叫びである。自己中心的な近代的自我の肥大化によって、最悪の殺戮《さつりく》兵器「核の火」が生まれてしまった。それを人間の知恵を超えた「親の智慧」の力で何とか廃絶できないものか。いや、核兵器根絶こそが如来の「えにし」なのだ。政二の願いは、今も成就されていない。

また、一九八〇年代大きく報道された中国残留日本人孤児帰国の問題についても、何首かの歌を詠んでいる。

「ほとけ児か　中国孤児や今かえる　恨まじと泣く　富士に抱かれ」（一八一頁）
「富士の如くすがすがしきや堪えて来し　中国孤児の言の葉尊し」（一八二頁）

彼はちょうど、孤児たちの親と同じ年代なのだ。それゆえに「捨てた親を恨みません」という孤児のことばが、すべてをゆるす仏の姿と重なり、強く響いたのであろう。

戦後の政二は、「政治には取り残されし我が里も　過密なりけり親のよび声」（一八三頁）と念仏の声こだまする故郷をこよなく愛しながら、農林業を営み村会議員にも就任し、地域振興に尽力したようである。朝枝の記憶する生前の政二は、浄泉寺の総代会でもいつも物静かで、「立派な眉、古武士然とした風格にその資性の高潔さを」漂わせていた。

ところが、一九八一（昭和五十六）年に大腸がんの摘出手術を受けた頃から、日々の心境を歌に詠み始める。

「桜咲き人は生生の春なれど　病む吾は日をもだえつつ」（一六四頁）
「病める日日浄土をたのみなおもまた　娑婆わすられず堪へる苦しさ」（一六五頁）

若き日からみ教えを聴聞してきたが、病苦や命の終わりを凝視した時の苦しみはもだえるほどに辛かったのであろう。

「おかされしふかき病の身となりて　よりおおいなる仏をぞ観る」（一六八頁）
「がんなりと抱かれて今まかせけり手術台　親と二人の心安さよ」（一七八頁）
「導かる恵　恵と知らされる　恵多かり　恵ある世を」（同右）

自身の病を「ふかき病」「がん」と知ったとき、政二は「よりおおいなる仏」と共にある「心安さ」にめざめ、「恵多《めぐみ》かり」という感謝が湧きおこってきたのだ。それは、老境に至って「法《のり》の御親」にあえたことへの「おどろき」と「よろこび」を通じて、自身の病とも静かに対峙できるようになっていくのである。

「よろこびや老いの六十路の坂を越え　法の御親に会いしおどろき」（一七一頁）

この前後から、政二は『正信偈』・『浄土三部経』・『三帖和讃』・『教行信証』の書写に専心している。

「仏説きて二千五百の歳を経て　教へ給えり今日の吾が道（三部経）」（一九一頁）

「あでやかにうつし給へり上《じょう》の巻　まんだらの国　心あそべり（大経上巻）」（一九二頁）
「有《う》田憂《でんう》田無《でんむ》田亦憂《でんやくう》や有《う》宅憂《たくう》宅《たく》　大経下《げ》の巻今日の生活（大経下巻）」（同右）
「観経に九品《くぼん》九性《くしょう》のへだてあり　弥陀たのむ人　仏と一味に（観経）」（一九五頁）
「りょうれょうと　聞ゆる今日も弥陀讃う　祖師の声なる　和讃なつかし（三帖和讃）」（一九九頁）
「親が子に残せし遺書を今みたり　親鸞様の教行信証（教行信証）」（二〇五頁）

彼にとって、聖教は単なる文字化された情報の域を超えて、今現在の私のための説法となっていた。そして聖教の書写が進むにつれて、彼の味わいもまた深みを増していく。あわせて手次寺浄泉寺や妙好人たちへの思いも詠まれていくのである。

「仰誓や履善つづける浄泉寺　弥陀の慈風に　吾も浴みけん」（一九六頁）
「念仏のせき出る君のありと聞く　大いなる慈悲茲《ここ》に今きく」（一七〇頁）

いうまでもなく「念仏のせき出る君」とは、「才市がご法義のかぜひいた　念仏のせきがでるでる」と歌った石見の浅原才市のことである。

「盆近しほたる無心に点滅す　亡き病友おもい命さわげり」（一八五頁）
「錦なり明日のいのちの安きかな　錦おりなす　秋の山みて」（一八六頁）
「雪白し安芸の今宵の御正忌や　祖師やなつかし　よろこびの道」（一八七頁）

季節の移ろいの中で詠まれた何気ない歌の中にも、救われていくこの身のよろこびが込められている。

そんな念仏と聖教書写の穏やかな日々も長くは続かず、一九八三（昭和五十八）年にがんの再発・転移が始まり再入院、翌一九八四（昭和五十九）年五月往生の素懐を遂げた。最後の歌は、入院の直前にノートに記したと思われる次の一首であった。

「さんさんと慈光輝く白い道　しんらんさまと進むうれしき」（二〇八頁）

政二の遺した短歌には、朝枝が「限りなき身となるおしえ限りある　人の世に在り　今照らされし居る（一七七頁）」の一節から伝記のタイトルを選んだように、「今」そして「自分」のためのみ教えとしてお念仏をよろこぶ姿勢が通底していたといえる。だが、み親の慈悲は、自分の中だけにおいて完結するものではない。政二は、お慈悲の働きとして、核兵器廃絶や残留孤児問題という社会を見る方向性をも持っていたのだ。

# 第五章

# 生き方としての妙好人

第四章で取りあげた十人の他にも、物種吉兵衛（一八〇三―八〇）・小川仲造（一八四二―一九一二）など、海外含め著名な妙好人は大勢いる。また、ひたすら念仏行者としての実り豊かな人生を歩みながらも、その行実が伝えられる縁に巡りあえずに、歴史の闇に消えていった妙好人の数は計りしれない。それゆえこの十人のみを題材として妙好人の生き方を考えるのは、いささか無理かもしれない。しかしこれらの人々は、時代的にも中世から近世そして近現代にわたっており、市井に生きたという共通性のほかは、その境遇もまちまちであり、個人の資質も一様ではない。従って、限られた紙幅の中では、この十人を通じて妙好人に共通する生き方を辿りながら、そこに生活の中から構築された仏教思想の片鱗なりとも看取し、現代における私たちの思想や人生を振り返る一助としたい。

## 1　聴聞の姿勢・「私のため」「はつごと」

今日でも浄土真宗の法座において説教の開始に先立ち一同で唱和される、「聴聞の心得」という三か条がある。

一、この度のこのご縁は、初事《はつごと》と思うべし
一、この度のこのご縁は、我一人のためと思うべし
一、この度のこのご縁は、今生最後と思うべし

この三か条の出典は明確ではないけれども、ここには浄土真宗におけるあるべき聴聞の姿勢が遺憾なく集約されている。再々述べたように、妙好人たちが仏法に出会ったのも、こうした法座であった。

親鸞は、『教行信証』において、

『経』（大経・下）に「聞」といふは、衆生、仏願の生起本末を聞きて疑心あることなし、これを聞といふなり。「信心」といふは、すなはち本願力回向の信心なり。（註釈版二五一頁）

といい、「何を」「どのように」聞くのかを示している。「仏願の生起本末を聞く」とは、自分の力で悟りを開けない凡夫を救うために起こされた仏の願いが成就して、現にこの私のうえに「南無阿弥陀仏」の働きとなって至り届いていることを聞くのである。「疑心」とは、自力心＝信罪福心と解釈されてきた。こうした疑いの心が生じるのは、本願のはたらきより人間の力の方が強いと、思いあがっているからだ。それを現代に当てはめると、自力という考えは、合理主義的学問の立ち位置に通じるのではないだろうか。

ありとあらゆる近代科学の第一歩は、すべてを「疑う」ことから出発する。また、探求して得られた新しい情報は、自らの財産として蓄積され、どんどんと自我が肥大化していく。世俗の学問では、聞けば聞くほど知識の絶対量が増え、世間からも賢者と評価されるのであろう。しかし「疑心なし」という浄土真宗の聴聞こそ、その対極に位置するのではないか。聞けば聞くほど明らかになるのは、自我の限界であり、その救われがたい自己が救われていく世界なのである。このような「疑心なき」聞即信の思想を具現化したのが、妙好人たちの聴聞の姿勢ではなかったか。

『歎異抄』には「聖人のつねの仰せ」として、「弥陀の五劫思惟の願をよくよく案ずれば、ひとへに親鸞一人がためなりけり」（註釈版八三五頁）ということばを伝えている。親鸞は、すべての衆生に呼びかけられた弥陀の本願も、私一人のために起こされた願いと受け止めているのだ。清九郎には、自分から離れぬ鶯の鳴き声を「某《それがし》ニ法義ヲ聞ケト云催促ナラント初メテ心付」（大系真宗史料一〇頁）いたとの入信に関する物語がある。そこには、鶯の鳴き声さえ私を聴聞に誘う弥陀の催しであると受け取る姿が垣間見られる。善太郎も、手次寺浄光寺本堂完成を「この善太郎にお阿弥陀様が　どうぞ　おねがいだから御法を聞いておくれよとこの善太郎一人のために　おみどうをたててくださいました」（松塚豊茂『石見の善太郎』一七九頁）と喜んでいる。文字を読めない庄松は、ある僧侶から難解な「『無量寿経』下巻を読め」と意地悪をされた。そのとき「庄松を助けるぞよ助けるぞよ」と書いてあると言い放った（『ありのままの記』五五頁）という。彼にとってあらゆる聖教は、我一人の救いのための金言であった。

涅槃寺所蔵の才市が日々拝読していた『御文章（御文）』書き出し部分の上部余白には、各通ごとに「これわ　わしが」という才市自筆の書き込みがなされている。彼は蓮如の書簡『御文章（御文）』の一通一通を、自分宛ての手紙と捉えていたようである。「これ御文章さまを味よてみよや　御和讃さまを味よてみよや　これは才市が食物よ　なむあみだぶのことがある」（朝枝著作集三・五二一―五二二頁）とあるように、才市にとって聖教のことばは自分の命を養う食糧のようなものであった。「阿弥陀は　阿弥陀が　阿弥陀じゃない　阿弥陀は　才市が　阿弥陀ぞよ　なむあみだぶつ　なむあみだぶつ」（同三・四二八頁）というように、才市にとっての阿弥陀仏は、苦悩の自己を救わんがための「わたしの親様」であり、単なる客観的な第三者ではありえなかった。これらの妙好人の言行からは、「一一誓願為《い》衆生故《しゅじょうこ》、一願建てたのも衆生のため、一行励んだのも凡夫のため、衆生ゆえならこの弥陀は、凍る氷も凍らば凍れ、逆巻く波も立たば立て！」という節談の代表的セリ弁に説かれる弥陀と私との二人連れの世界が、実際に展開していた様相をうかがえるのではなかろうか。

道宗は、同じ話をいつも珍しく初めてのように聴聞し続けた（『赤尾の道宗』八八頁）という。また善太郎は、「この善太郎は生々世々の初事に」と何遍も繰り返し歌に詠み、師僧に書いてもらった原稿を丸読みするだけの雛《ひな》僧の法談も大切に聴聞し続けた（『妙好人有福の善太郎』二八頁）のだ。

私たち凡夫にとって、聞いた内容を知識情報として蓄積するのは容易にできるけれども、聞いた通りに行動し生きぬくことは決して簡単ではない。戦前、被差別部落解放運動に身を捧げ最後まで反戦平和を貫いた数少ない真宗僧侶の一人植木徹誠《てつじょう》（一八九五―一九七八）は、息子である植木等（一九二六―二〇〇七）に向かい、青島幸男（一九三二―二〇〇六）作詞の『スーダラ節』の一節「わかっちゃいるけどやめられない」は親鸞の教えに通じると語ったという。煩悩を抱えながら理性の通りに生きられない私たちだからこそ、つねに大悲招喚のみ声を仰ぎつつ、本願展開の物語の中に繰り返し巻き返しその身を浸し続けていなければならなかったのだ。これが、浄土真宗の聴聞のあり方なのである。

お軽は、島を出て下関に奉公に出ている十五歳の三男の亀吉に「あすというおもう心にばかされな　今日ばかりぞと深くうやまえ」（『妙好人おかるの歌』十九頁）という歌を送っている。この歌には、無常の世に生きるはかない命のわが身なればこそ、日々「最後のご縁」として聴聞を疎かにしてはならないとの思いが込められている。

浄土真宗の念仏行者は、日々の生活の中で不断にみ教えを聞く聴聞を重視してきた。その場において求められた聞き方は、今日の学校やカルチャー講座のように仏教を知識として学問的に理解することではない。一度は解ったつもりでも、すぐに慢心が起こってしまうこの私。だから妙好人たちは、み教えをわれ一人のうえに、新鮮な感動を持ちつつ、そして今回が最後という気持ちで、つねに繰り返し巻き返し聞き続けたのだ。

親鸞は、「何を聞くか」について、「仏願の生起」と「仏願の本末」という二つの方向性を示した。「生起」（起こり）を聞くとは、弥陀の本願は何一つ真実を持たない私のために建立されたと信知することで、これは善導の説く「機の深信」に通じる。ここでは、救いのめあてである私の罪悪性が浮かびあがっていく。「本末」を聞くとは、仏願の原因と結果を知ることである。法蔵菩薩によって本願が建てられ、それが成就し凡夫が仏になる「南無阿弥陀仏」の法が今私のうえに働いていると気づく。即ち、「法の深信」に相当する。ここで明らかになるのは、現に私を救うために活動している「南無阿弥陀仏」の働きなのである。この二つを「二種深信」という。

## 2　慚愧と歓喜

さらに蓮如は、『安心決定鈔《あんじんけつじょうしょう》』の影響を受け、「南無阿弥陀仏」の六字の中に、「たのむ機のかた」を顕す「南無」の二字と、「たすけたまふかたの法」（註釈版一一八六頁）を顕す「阿弥陀仏」の四字が一体となって成立するという「機法一体」の立場を闡明《せんめい》にしていく。それは、衆生の信心と阿弥陀仏の救いの働きとは、本来別物ではないと捉えるので、信心も「南無阿弥陀仏」の中からおこるのである。そこには、衆生自身がおこす信心は成立しえない。つまり、「機の深信」においては、自らの凡夫性に気づく慚愧《ざんき》の心が芽生え、「法の深信」からは、救いの働きにであった歓喜が湧きおこってくるといえよう。

妙好人たちは、こうした慚愧と歓喜をしばしば口にする。妙好人の多くは、身近な人の死や人間関係の悩みから出発して、救われがたい我が身の姿に気づき仏法の門に立っていく。幼少期に両親を亡くした道宗、早世した連れ合いを善知識と仰ぐ清九郎、最初の結婚での子や夫の死と再婚後の周囲からの嫉妬や子育てに悩むお園、四人の我が子を悉《ことごと》く喪った善太郎、幼少期に「いじめ」にあったとされる庄松、信頼していた夫の裏切りに動揺するお軽、父の遺言に導かれた源左、実母との別れを経験した可能性が高い才市、そして斎藤政二も五歳と八歳の折に母と父を喪い叔父に養育された経験を有していた。大部分の妙好人たちは、四苦八苦の現実を求法の第一歩としているのだ。そして妙好人たちは、この堪えがたい苦悩の中に身を置き、自分の力では何一つなしえない己の姿に気づかざるを得なかった。しかし、そんな私のうえにこそ、いかなるときも見捨てることのない本願のはたらきが「南無阿弥陀仏」の呼び声となって、たえず至り届いているのだ。そのことにめざめるとき、苦悩を抱えたままのよろこびが湧きおこってくる。これが、妙好人たちの廻心であった。

お園は、「わたしも仏法は少しもない、ないゆえ仏法様に助けられるのが嬉しい」(『信者めぐり』七一頁」)と話し、三毒五欲の煩悩に振り回される自己の存在こそ仏法繁盛の姿だ(七七頁)ともいい切っていく。あるとき善太郎が田ノ迫(島根県邑南町田ノ迫)に住む磯七(一七六〇―一八五二)に送った手紙には、ただ「おありがたや　おありがたや」とだけ四枚半の半紙に書き続けられていた。一方、磯七は、「おはずかしや　おはずかしや」のみを書いた半紙四枚の返事を出した(『妙好人有福の善太郎』六三頁)という。まさに二人の交流は、慚愧と歓喜の境地を如実に物語っている。お軽の歌にも、懺悔と感謝などの法悦が込められているといわれる。

与市は、水に沈む砂をみて「お互の必ず沈むのに間違いない姿」（機の深信）に譬え、「お仏壇をあけて見て、仏様が立っておいでになったら、お助けに間違いない」（法の深信）と語った（『是人名分陀利華』一二三頁）という。源左は、極楽参りの方法を訪ねた同行にむかい「おらなあ、おちるよりほかにゃなんにもないだいな、なんとしたことか、お親さまが助けたるっておっしゃってのう」とだけ答えた（『妙好人因幡の源左』九八頁）。そして才市には「南無は慚愧で　阿弥陀は歓喜　どちもひとつの　なむあみだぶつ」（朝枝三・四五五頁）「わたしゃ　悪いばうかし　あなたは　良いばうかし　南無は慚愧で　あなたは　歓喜　慚愧　歓喜の　なむあみだぶつ」（四五九頁）「なむあみだぶつは機の方ぞ　なむあみだぶつは法の方ぞ　どうちもこうちも両手に花よ　機法一体　なむあみだぶつ」（四九五頁）のように、慚愧と歓喜そして機法一体を詠んだ歌が数多くある。

妙好人たちは、救われがたい我が身なればこそ、如来による救いに遇い得るという信心の世界を聴聞した。その聞き方は、現実生活の果てしない苦悩を抱える人たちであったがゆえに、我が身のうえに「はつごと」として受け止める真摯なものであった。「二種深信」「機法一体」のみ教えは、妙好人たちに受容され、お念仏ひとつの救いとしてしっかりと根をおろしたといえる。

ところで何人かの妙好人には、自己への誡めや法悦の世界を、全身全霊で表現する身体性の高さがうかがえるのではないか。釈徹宗は、浄土仏教における身体は「穢土に縛りつけられる枷《かせ》」として否定されがちであり、特に内面を問う親鸞においてその傾向が強いと位置づけた。そのうえで、実は「親鸞はあふれるほどの高い身体性をもった人物であり、だからこそ身体性を抑制するような思想を構築したのかもしれない」という可能性を指摘していく。元来親鸞思想の中に封じ込められていた高い身体性が、幾人かの妙好人の場合、ある縁にふれて湧出したとは考えられないであろうか。

道宗は、庄川に張り出した欅の枝にぶらさがり三悪道に落ちるわが身を実体験し、痛い割り木のうえでまどろみながら本願救済の恩徳に思いを馳せたのだ。また、清九郎や与市には、祖師の苦労を追体験しつつ報恩の思いを新たにした逸話がある。才市も、三十三歳と七十二歳のときに二度も親鸞や蓮如の旧跡を訪ねる巡拝の旅に出ている。だが妙好人たちの中で最も顕著な身体性を発揮するのは、庄松ではないか。彼には、本尊に「バーア」といったり（『ありのままの記』五頁）、逆立ちしたり（七頁）、寝転んだり（一七頁）、獅子の真似をしたり（六四頁）、逃げ回る住職を行灯《あんどん》部屋へ追い詰めたり（八三頁）、「火事じゃ」と半鐘をたたいたり（五八頁）、本尊を竹竿に差して涼ませたり（六〇頁）、犬に敬礼したり（七三頁）する、一見奇行と見まちがうような逸話がある。しかし、庄松は、身をもって法味愛楽《あいぎょう》の世界を示したのだ。また、興正寺法主の色衣の袖を引っぱったり（四五頁）、入浴中の代官の背を「ポンと一つ打っ」た（六六頁）ように、庄松の身体表現は宗教的権威や世俗の権力に対しても、決して怯むことはなかったようである。

このような妙好人たちの身体性は、果たして何に由来するのであろうか。各人の置かれていた環境や個人的資質の影響が大きいことは、まちがいない。私は、それらの因子に加えて、妙好人たちが聴聞してきた節談との関係性について探ってみたい。大衆を聴聞の正客に据えた節談では、本願念仏の真理をいかにわかりやすく、なおかつ感動的に受け取ってもらうかが最も大切な課題とされていた。そのため、身ぶり手ぶりを駆使し、明解な譬喩や情感に訴える人間ドラマが組み込まれる一方で、往々にして難解になりがちな、客観的で合理的で冷静な論証のプロセスを捨象する傾向にあったといえる。作家の丹羽文雄（一九〇四―二〇〇五）は、節談に対し「説教使はたえずからだを動かした。（中略）節をつけた説教が善男善女の皮膚の上に快い感じを与え（中略）高座の人間の動きにつれて、おじいさんとおばあさんはからだを動かしていた」（『菩提樹』）と批判的に論評している。まさに節談は、身体性の高い布教技法であるといえる。妙好人たちは、それを永年にわたり聴聞し続けていたのだ。それゆえ、時に法義のエッセンスを過度な形で身体化した、なりふり構わぬ身体表現を生みだしたのかもしれない。

例えば、『庄松ありのままの記』には、「摂取不捨はこれなり」という一条がある（八三―

八四頁)。ある日住職から摂取不捨の謂れを尋ねられた庄松は、すぐに大声をあげて手をひろげ立ちあがった。住職は庄松に難解なことを質問したので、彼が興奮してしまったと思い込み、その場から逃げ出す。あちこちと逃げまどう住職を、追い続ける庄松。遂に追い詰められ行灯部屋に隠れた住職に向かい、庄松は「摂取不捨とはこれなり、これなり」といい放つ。住職は、「逃げて逃げて逃げまわった我を、逃げさせぬが摂取不捨である」ということを、庄松が全身全霊で表現してくれたパフォーマンスであったと気づき、大いによろこんだという。「摂取不捨」という浄土仏教の根幹をなす如来の慈悲の働きに関しては、救い難い機を救わんとする大悲の普遍性を哲学的に解説するよりも、「救いから逃げ続ける者をあらゆる手立てを使ってまでも追い詰めていく」譬喩を用いて提示する方が、大衆にとってははるかにわかりやすかった。庄松が住職を追い詰めた話は、こうした譬喩の世界を体現していると思われる。

さらに臨終の善悪を問わずに仏力に委ねきった死との向き合い方の物語こそ、「摂取不捨」の生きた姿として、より多くの人々に共感を与え、そして受容されたといえるであろう。今に語りつがれる、庄松自身の臨終の逸話がそれである。一九八五（昭和六十）年十月一日、博多萬行寺第二十二世住職継職法要において、当時本願寺派の勧学寮頭であった桐溪順忍（一八九五—一九八五）は、親鸞の和讃「十方微塵世界の　念仏の衆生をみそなはし　摂取してすてざれば　阿弥陀となづけたてまつる」（註釈版五七一頁）を引いて「摂取不捨」を味わう法話を行った。因縁として用いられたのが、外ならぬ庄松臨終の物語であった。周辺の人々に「鬼が迎えに来る」とからかわれても、「鬼が迎えに来るようなわたくしが、お浄土へ連れて行ってもらうとは有り難いことだ」とよろこぶ庄松。桐溪はこの物語を合法して「どんな生涯であろうが問題はないのです。如来の大悲は一切に及んでいるのです。そして、これが『摂取不捨』の有難いおいわれと申せましょう。」（『法味』二一一頁）と話を結んでいく。桐溪はその晩に宿で倒れ、四日には意識が戻らないまま往生の素懐を遂げた。奇しくもこれが和上最期の法話となったのだ。

　当時大学院生であった私は、桐溪家遺族のご了解を得た朝枝の指示で、朝枝の姉七里成子の夫である萬行寺住職七里順孝（一九二七―二〇〇九）から送られてきた法話テープの筆起こし作業をさせていただいた経験がある。庄松の揺るぎない心境の描写を通じて、如来の摂取不捨の光明の力へと収斂《しゅうれん》する桐溪の富山弁の穏やかな語りは、独特の抑揚と共に今も耳の底に残っている。いささかプライベートな思い出話になってしまったが、例えばこれが、学問的な知識としてインプットされたものであったならば、すぐに消えてしまう。そこからは決して豊かな身体性は生まれてこないのではないか。妙好人たちの中に身体性を萌芽せしめたご縁のひとつには、長年聴聞し続け血となり肉となるほどに身体化されていた情念の布教である節談の影響があったと考えたい。

## 4　仏法をたしなむ

妙好人に共通する最大の特質は、「泥中の蓮華」に喩えられるごとく、如来から恵まれた信心を、煩悩の尽きない日常生活の中に、見事に花開かせている点ではないだろうか。蓮如は、念仏者の生活について「たしなむ」と表現している。それは、「信のうへにたふとくありがたく存じよろこびまうす透間に懈怠申すとき、かかる広大の御恩をわすれまうすことのあさましさよと、仏智にたちかへりて、ありがたやたふとやと思へば、御もよほしにより念仏を申すなり。」（註釈版一三〇四頁）とあるように、怠け心の起こったときに仏智に立ち返り報恩の念仏を申すように差し向ける如来の「御もよほし」をいうのである。「たしなみ」の中心が報恩感謝の称名念仏にあったのは、いうまでもない。だが、単に念仏だけを称えていればよいのではない。「たしなむ」とは、如来のご催促を受け、わがままな尺度に縛られる「こころにまかせ」た生活ではなく、つねに自らの日常を振り返り、仏智にかなうように細かく心がけて努力する生き方であった（註釈版一二五〇頁）。あるいは、「真宗律」と称されるほどに厳格な生活規範を示した仰誓が最初に妙好人に着目したのも、単なる偶然ではなかったかも知れない。

　従って、その「たしなみ」の具体的第一歩は、何よりも自分勝手な価値観に縛られている私の姿に気づき、その束縛から離れることにあったのだ。『無量寿経』の第三十三願には「わが光明を蒙りてその身に触れんもの、身心柔軟《にゅうなん》にして人・天に超過せん」（註釈版二一頁）とあり、また「この光に遇ふものは、三垢《さんく》消滅し、身意柔軟なり」（二一九頁）ともいう。つまり、如来の光明に照らされた者は、身も心も自分中心のかたくなさから解放され、三毒の煩悩のとらわれからも自由になると説かれている。

親鸞は、自らを弾圧した人たちを恨むのではなく、弾圧者をあわれみ念仏せよと諭している（註釈版七八四頁・七八七頁）。たとえ自分に危害を加えた者でさえも、いやその人をこそ救うのが、弥陀の本願なのだ。こうした宗祖の姿勢は、清九郎（大系真宗史料一五頁）・善太郎（菅三九頁）・与市（『是人名分陀利華』一九頁）・源左（『妙好人因幡の源左』八一一六頁）に継承され、彼らが泥棒を見逃したり犯人にみやげを渡す話につながっていったといえよう。また、善太郎には、他人に濡れ衣を着せられながら何一つ弁明しなかった「草餅説法」（『妙好人有福の善太郎』一一八頁）という逸話も伝わっている。ただ、妙好人たちの場合、「自分が被害を蒙るのは、前世からの借りを返すためだ」という三世にわたる業の連鎖を説く短絡的な因果応報説の影響がある点も、見過ごしてはなるまい。

また妙好人たちの「たしなみ」には、底抜けといえるほどの正直さや愚直な勤勉さが垣間見られるのだ。薪を安く売る清九郎（大系真宗史料一〇頁）、まちがえて余分に受け取った代金を夜中に返しに行く与市（『是人名分陀利華』三頁）、真宗者こそ聴聞の時間を埋め合わせるほどに働くべきだと自戒していた源左（『妙好人因幡の源左』六〇頁）などがその代表的な逸話である。源左には、他人の田に開けられたモグラの穴を黙って修理したり（三八頁）、村人の税金を本人に告げずに肩代わりした（一〇五頁）話も残っている。そうした正直さや勤勉の背後には、つねにわが身を照らしたもう如来の大悲を感じる生き方があったといえるであろう。さらに、妙好人たちには、無用の殺生を誡めるなど、人間以外の生き物の命のうえに、変わらぬ優しさを注ぎ続けた一面も、看取できるようである。

　源左は、よく嫁姑・山林境界・夫婦間などの揉め事の仲裁を依頼された（『妙好人因幡の源左』四四—四八頁）。その際、「争ひは双方に言ひ分があるけぇ起つだがや、その言ひ分を、ちつとおらに預らしてくだんせ」（四八頁）と語ったという。自我の尺度を離れた「たしなみ」としての生き方は、単なる自己内省の域をこえて、このような日常生活そのものの中で細《ささ》やかな社会性を持つに至ったといえる。金児暁嗣は、自己完結では終わらない源左の信仰に、「バランス型」の現生正定聚に近い類型を看取していく。それは、『無量寿経』下巻に説く「まさにあひ敬愛《きょうあい》してあひ憎嫉《ぞうしつ》することなかるべし」（註釈版五五頁）という人間関係構築への道程でもあった。実際、才市などには、災害時に義捐金を拠出した記録（『妙好人における死生観と超越』三九頁）があり、政二は反核平和を希求する歌を詠んでいく。一般に、妙好人たちの生活態度は体制順応型で、その社会性は乏しいとされてきた。既に触れたように、僧純が「体制にとって都合のいい理想的念仏者像」として流布させた刊本に限定せず、広く妙好人たちの生き方を鳥瞰した場合、「たしなみ」としての生活が、自己完結では終わらず細やかな社会性を発揮しつつあった側面もまた、うかがい知ることができるのではないか。

## 5　精一杯の「教人信」

> 浄土真宗の伝道は、善導の「みずから信じ人を教へて信ぜしむること、難きがなかにうたたさらに難し。大悲をもつて伝へてあまねく化す

るは、まことに仏恩に報ずるになる。」（七祖篇六七六頁）ということばのように、自らの信心の発露として、大悲を広く伝えていく、仏恩報謝の営みなのである。そして親鸞は、「大悲伝普化」を「大悲弘くあまねく化するは」と、別のテキストを引用して読みかえている（註釈版四一一頁）という。つまり、如来の大悲は煩悩だらけの人間が伝えるものではなく、大悲それ自体の働きによって弘まっていくと考えているのだ。それゆえ、浄土真宗では、本来念仏行者のあらゆる一挙手一投足が（たとえ意識されなくても）生きた形での身業説法となり、み教えが伝わっていくのであろう。その一方で、教団が発展してくると、布教を専門とする教化者が出現する。しかし、第二章で辿ってきた在家仏道の真面目たる真宗にあっては、僧俗の枠を超えた生き生きとした説法の伝統が、近世から近代初頭にかけてもその命脈を保っていたのではなかろうか。だが、刊本の『妙好人伝』には、ごくわずかな例を除いて（大系真宗史料一六四頁）妙好人たちの自信教人信の物語をあまり見いだせないようである。

道宗は、越中の人々に説き聞かすことを目的として『御文章（御文）』を求めた。お園に関しては、「同信のともがら打よって」（『信者めぐり』六五頁）法義の相談をする会合を開いたり、「同行衆の計らひにより」（同七一頁）彼女を招待することもあり、さらには彼女を訪ねてみ教えについて問う人もあった（同七二頁）ようである。善太郎も、商品の仕入れ先でも法義話に熱中した（『妙好人有福の善太郎』五三頁）という。庄松に至っては、多くの同行が彼を招待し、また庄松のもとへ同行が面会にいき、み教えを質問したという（『ありのままの記』三七頁・五一頁・五二頁・五四頁・六〇頁・七九頁）。さらに庄松自身が法を説いた法座も開かれていたようである（同五四頁・六一頁・七五頁・八七頁）。またお軽は、人一倍家族を思う情深く、家族の者に仏縁を結んでもらうあらゆる努力を惜しまなかったという（『おかる同行物語』六四頁）。

そして与市の身内の者が書き残した『与（與）市話記』には、自ら頂いたお念仏の味わいを身辺の人たちに説き聞かす逸話が盛り込まれている。この中の五例は、上妙寺住職が編集発刊した『是人名分陀利華』に記載されていない。一方『是人名分陀利華』において顕著なのは、貧しさを強調し、殺生を慎み、本山崇敬の念あつい与市像であった。あるいは、制度化された教団や専門の教化者である僧分にとって、在家同行の行う説法は、自己流の味わいの流布も招きかねず、あまり歓迎されなかったのであろうか。

源左は、あちこちの家を訪ねて積極的に法義を語っている（『妙好人因幡の源左』五二頁・七三頁・九三頁・九四頁・一三四頁)。しかし、彼は「お親さんのお取次をこの源左がさして貰っとるだけだけえ、おらが話すこたあ、いつかな(少しも)ないだいな」(同九四頁)と、自分勝手に領解を語るのではなく、如来のお取り次ぎをしているだけだという姿勢を崩さなかった。話の内容も「おらにゃ、たつた一つかないだけのう」(同一三四頁)と、法義の要を繰り返し味わっただけであったと思われる。そして社会性が稀薄とされがちな才市も、「新吉に談合をしかけてみました」というような周辺への働きかけをうかがえる歌を遺しているのだ。

このように特に、お園・庄松・源左には、それぞれの環境の中で精一杯同行衆の求めに応じて、積極的に伝道する傾向が強いようである。これは、個人の資質に基づくと考えられがちである。しかし今、三人の行状を伝える史料の編者について検討すると、『信者めぐり』は三田源七の収集した法語集、松前の徳太郎の聞書きを集めたのが『庄松ありのままの記』、柳宗悦が源左有縁の人から聞き取った内容をまとめたのが『妙好人因幡の源左』(一九六〇年の新版は願正寺住職との共編)というように、いずれも在家者の手になる作品であることに気づく。僧分の立場からはあまり特筆したくないような妙好人たちの前向きな教化に関する物語も、在家の編者にとっては全く憚《はばか》る必要がなかったといえよう。従って在家者の編集した史料に依拠するこの三人にのみ、自分の置かれている状況の中で細やかな伝道をめざした逸話が記録されたとは考えられないであろうか。あるいは、これ以外の妙好人たちにも、精一杯の「教人信」への志向があった可能性を捨てきれないように思われてならない。多くの妙好人たちは、それぞれの置かれていた厳しい環境の中で精一杯、自らよろこんだお念仏のみ教えを周縁の人々に分ちあう営みを行っていたのではないだろうか。そうした「自信教人信」の積極的姿勢の片鱗は、道宗・善太郎・お軽・与市・才市のわずかな断片的史料からもうかがえるようである。

妙好人たちの言動を通じて、生活の中から醸成そして構築された仏教思想の特色を見いだそうとする場合、まず言行録自体の史料性について吟味しなければならない。特に僧分の描いた妙好人像には、幾許か内省を重視し現状を甘受する側面が強調されているのは、先学の指摘する通りであろう。それを勘案したうえで、いくつかの点を取りあげてみた。

彼等や彼女たちは、仏法を聞く場としての法座を極めて重視する。その聴聞の姿勢は、仏教を知識・情報として学習するのではなく、我が身のうえに幾度となくみ教えを染みこませていくものであった。そして妙好人たちは、苛烈な人間苦を抱える自分であるがゆえに、「救われがたいわが身なればこそ、如来による救いに摂取されていく」という「二種深信」や、それが南無阿弥陀仏の中に成就されていると説く「機法一体」を中心とした信心の世界を領受していった。

また何人かの妙好人にうかがえる身体表現の背景には、長年の聴聞で身体化習慣化するほどに薫習されていた節談の影響を想定してみた。妙好人たちは、仏法を「たしなむ」程に日常化させていた。そこには現世を過去世の報いとして甘受する側面もみられるけれども、絶えず自己を見なおす厳しさと同時に、他者への積極的係わりをめざす社会性もうかがえるようである。その社会性の基礎をなすのは、自ら出逢った如来の大悲を周辺の人々にもお取り次ぎしていくという「教人信」の姿勢ではなかったか。

このように妙好人において具現化された、生活の中で期せずして構築された仏教思想は、長い歴史を持つ在家の仏道の精華であり、苦悩に満ち溢れた環境の中で、その苦悩をよろこびに転じかえて力強く生きぬく道を私たちに教えてくれる。それは、今後の日本仏教の将来像を展望する場合においても、歩むべき方向性を少なからず示唆してくれるのではないだろうか。

# おわりに

「妙好人」、一気に書きあげたというより、大きな力に背中を押されて書かせていただいた、というのが脱稿後の偽らざる心境である。読者の皆様には、詳細な論点の厳密さや学問的客観性よりも、何かに突き動かされて走らせた筆の勢いを、この書物から感じ取って頂きたい。

キーボードを叩きながら、さまざまな光景が、走馬灯のように、脳裏に浮かんでは消えていった。それらの多くが、恩師朝枝善照先生につながる思い出である。一九七九（昭和五十四）年、大学三回生のとき、火曜日四講時目の朝枝ゼミが終わると、先生は足早に図書館の一室に入っていかれた。その場には龍口明生先生と林智康先生が来ておられ、時折九州の赴任地から土井順一先生も参加されていた記憶がある。今にして思えば、『妙好人伝』研究史に新領域を開くこととなる、写本研究のための勉強会であったのだ。朝枝先生は、つねに史料翻刻作業に余念がなかった。ある日旅行先で、才市さんの新出ノートをひもときながら、独特の当て字表記の解読方法を丁寧に教えていただいたことがある。三十年経った今になって、その経験が役に立つとは、当時は思いもしなかった。

　そればかりではない。二〇〇六（平成十八）年の春、ご病状が日増しに重篤となる中で先生は、もはや教壇に立てない状況になり、やむなく「休職」手続きをされた。同時に、「講義もしないのに、執筆を続けるわけにはいかない」と、律儀にもすべての依頼原稿の完成を断念されたのだ。（唯一例外として肩書なしで発表されたのが、本書第一章に引用した「お慈悲の世界に気づくとき」であった。そこには、特にお二人のお嬢様である憲子様と薫子様への「遺言」としての意図があったのかもしれない。）途中でペンを折られた原稿の中に、『大法輪』二〇〇六年七月号の「特集・妙好人」に掲載予定の「讃岐の庄松」も含まれていた。先生はそれまで私に、学術論文や専門書以外の、一般読者を対象とした随筆類の執筆を抑制するようにご指導頂いていた。「きみは何歳かね？」「はい、四十七歳です。」「もうそろそろやわらかいものを書いてもいいだろう。」こんなやり取りがあった。そして、私が先生に代わって最初に書かせていただいたエッセーが、妙好人庄松同行をめぐる拙文である。

　この短い作品で提示した節談と妙好人との深い関係性を問う視点こそが、本書の骨格となっている。この折に『大法輪』編集者としてお世話になったのが、黒神直也氏であった。今、佼成出版社に移られたその黒神編集長から本書執筆を依頼されたのも、不思議なご縁と嚙みしめている。そして、本書の構想を胸中に描きながら、私の今までのテーマである戒律や節談の研究が、実はことごとく妙好人研究につながっていくことを、改めて痛感した。このような幾重にも重なりあいながら我が身のうえに至り届いている「法爾《ほうに》の道理」を仰ぎつつ、まずもって完成した本書を、明春に浄泉寺で営まれる石洲院釋善照和上十三回忌のご影前にお供えしたい。

最後に本書出版に至るまでお世話になった方々のことを記させていただく。朝枝先生の遺族各位（浄泉寺前坊守の裕子先生・同寺現住職ご夫妻・次女の薫子様・神戸善照寺様・博多萬行寺様）には、貴重なお話をお聞かせ頂いた。また、菊藤明道先生・石橋義秀先生・釈徹宗先生からは、ご懇篤なるご指導を賜っている。滋賀県浄楽寺様・上妙寺様には、所蔵史料の活用許可を頂戴した。そして詳細な情報などを教えてくださった佐々木隆晃・福本康之・府越義博の各先生方や大学院・学部時代の同級生の二葉晃文・一條康洋・遠藤一・龍沢伸明の各位、文献収集や校正作業を手伝ってくれた橋本一道・霍野廣大両君にも感謝申しあげたい。

二〇一八（平成三十）年　酷暑の中で

直林不退

# 参考文献

## 第一章


神子上恵龍「真宗の人間像―妙好人伝を中心として―」（『真宗学』第二九・三〇号）一九六三年

児玉識『近世真宗と地域社会』（吉川弘文館）二〇〇五年

雲藤義道「妙好人の内省的自律性について」（『真宗研究』第一五号）一九七〇年

林智康「妙好人の研究―浄土真宗と妙好人」（『印度学仏教学研究』第二九巻第2号）一九八一年

龍口明生「仰誓の妙好人観」（『仏教史研究』第一四号）一九八三年、「仰誓撰『妙好人伝』編纂の発端」（『仏教史研究』第一九・二〇号）一九八四年、なお、二〇〇七年以降『印度学仏教学研究』誌上に「『妙好人伝』の周縁」（同誌第五六巻第1号）二〇〇七年、「『妙好人伝』と『芸備孝義伝』」（五七・2）二〇〇九年、「僧樸における真宗門徒のあり方」（五八・2）二〇一〇年「妙好人の言動と真宗聖教」（五九・2）二〇一一年、「妙好人の伝記採録意図」（六〇・1）二〇一一年、「『妙好人伝』引用の説話」（六一・2）二〇一三年、「仰誓撰述『妙好人伝』改変の意図」（六二・2）二〇一三年、「寡黙なる妙好人」（六三・2）二〇一五年、「僧純専『妙好人伝』三篇上における妙好人説話と真宗聖教」（六四・2）二〇一六年などの一連の論攷を発表している。

土井順一『妙好人伝の研究―新資料を中心と―』（百華苑）一九八一年

黒崎浩行「『妙好人伝』の地平と近代」（『物語の発生学』第一号）一九九七年

菊藤明道『妙好人伝の研究』（法蔵館）二〇〇三年、増補版二〇一一年

万波寿子「僧純編『妙好人伝』と大根屋改革」（『仏教文学』第三四号）二〇一〇年、「『妙好人伝』と『続妙好人伝』の出版と流通」（『典籍と史料』・思文閣出版）二〇一一年

梯實圓「妙好人とはどんな人」（『大法輪』第七三巻第7号）二〇〇六年

河田光夫『親鸞の思想と被差別民』（河田光夫著作集第1巻・明石書店）一九九五年

釈徹宗『歎異抄』（ＮＨＫ出版）二〇一六年

井上哲雄『真宗本派学僧逸伝』（永田文昌堂）一九七九年

上原康夫「実成院仰誓の年譜及び箸述目録」（『近世仏教』第五巻2・3号）一九八二年

朝枝善照『妙好人伝基礎研究』（朝枝善照著作集第二巻・永田文昌堂）二〇一六年

真宗史料刊行会『大系真宗史料伝記編8妙好人伝・法蔵館』二〇〇九年

児玉識「近世『妙好人伝』研究の経緯」（菊藤編『妙好人研究集成』・法蔵館）二〇一六年

平田徳「『近世門徒伝』と『妙好人伝』」（菊藤篇『妙好人研究集成』・法蔵館）二〇一六年
鈴木大拙『浄土系思想論』（法蔵館）一九四二年、『宗教経験の真実』（大東出版社）一九四三年、『日本的霊性』（大東出版社）一九四四年、『妙好人』（大谷出版社）一九四八年
古田紹欽「解説」（『妙好人』・法蔵館）一九七六年
竹貫元勝「近代の禅事情」（『淡交増刊』）二〇〇二年
菊藤明道『鈴木大拙の妙好人研究』（法蔵館）二〇一七年
ブライアン・アンドルー・ヴィクトリア『禅と戦争』（光人社）二〇〇一年
佐藤平（顕明）「鈴木大拙のまこと」（『財団法人松ヶ丘文庫研究年報』第二一号）二〇〇七年
釈徹宗「鈴木大拙『日本的霊性』の再考―現代霊性論との対比―」（『現代社会と浄土真宗の課題』・法蔵館）二〇〇六年
柳宗悦『妙好人因幡の源左』（大谷出版社）一九五〇年（後に衣笠一省と共に増補し一九六〇年百華苑刊）、『柳宗悦妙好人論集』（岩波書店）一九九一年
中見眞理「解説」（『柳宗悦妙好人論集』・岩波書店）一九九一年
柳宗悦「真宗の説教」（『大法輪』第二三巻第1号）一九五六年
萩原典吉「柳宗悦の初期宗教論」（『龍谷史壇』第九一号）一九八八年
浄謙恵照「柳宗悦の宗教観」（『宗教研究』第九〇巻別冊）二〇一七年
楠恭『妙好人才市の歌』（法蔵館）一九四九年、『妙好人物種吉兵衛語録』（文一出版社）一九七四年
佐藤平「浅原才市年譜」（『大谷女子大学紀要』第二〇巻第2輯）一九八六年
塚田幸三『妙好人とシュタイナー』（大法輪閣）二〇一四年
家永三郎「親鸞の念仏―親鸞思想の歴史的限界について―」（『大法輪』第二〇巻第2号）一九五三年
森龍吉「幕藩体制と宗教」（『日本宗教史講座』第1・三一書房）一九五九年
鈴木宗憲『日本の近代化と「恩」の思想』（法律文化社）一九六四年
柏原祐泉『近世庶民仏教の研究』（法蔵館）一九七一年
福間光超「初期『妙好人伝』編纂の歴史的背景について」（『真宗史の研究』）一九六六年、「妙好人的信仰の構造」（『仏教文化研究所紀要』第8号）一九六九年
朝枝善照『妙好人と石見文化』（朝枝善照著作集第五巻・永田文昌堂）二〇一一年
朝枝善照「お慈悲の世界に気づくとき」（『よろこび』探究社二〇〇六年お盆号）
能美潤史「如来さまからの声」（『ひかりのかたち』・龍谷大学宗教部）二〇一七年

**第二章**
藤秀璻『純情の人々—新選妙好人伝』（百華苑）一九四七年
静谷正雄「大乗仏教の誕生」（『アジア仏教史インド編Ⅲ大乗仏教』・佼成出版社）一九七三年、『初期大乗仏教の成立過程』（百華苑）一九七四年
井上陽「ストゥパーと出家者」（『仏教学研究』第五七号）二〇〇二年
川勝守『聖徳太子と東アジア世界』（吉川弘文館）二〇〇一年
石井公成『聖徳太子・実像と伝説の間』（春秋社）二〇一六年
釈徹宗『維摩経』（NHK出版）二〇一七年
直林不退『日本古代仏教制度史研究』（永田文昌堂）一九八八年、『日本三学受容史研究』（永田文昌堂）二〇一二年、『親鸞聖人の歴史像』（浄宗寺）二〇一六年
朝枝善照『日本古代仏教受容の構造研究』（朝枝善照著作集第一巻・永田文昌堂）二〇〇九年
仲尾俊博「『日本霊異記』と『願文』」（『靖国・因果と差別』永田文昌堂）一九八五年
山本幸男『奈良朝仏教史攷』（法蔵館）二〇一五年
宮崎圓遵「伝教大師と親鸞聖人」（宮崎圓遵著作集第一巻・永田文昌堂）一九八六年
宮城洋一郎『日本古代仏教の福祉思想と実践』（岩田書院）二〇一八年
古田武彦『親鸞思想』（富山房）一九七五年
釈徹宗「一遍智真の身体性」（『仏教 文学 芸能』・思文閣出版）二〇〇六年
長澤昌幸「一遍仏教と時宗教団」（法蔵館）二〇一七年
遠藤一『戦国期真宗の歴史像』（永田文昌堂）一九九一年
有元正雄『真宗の宗教社会史』（吉川弘文館）一九九五年

**第三章**
関山和夫「近世後期の仏教説話—妙好人伝を中心として—」（『説話文学研究』第三号）一九六九年、『説教の歴史的研究』（法蔵館）一九七三年
関山和夫監修・谷口幸璽『「節談」はよみがえる』（白馬社）二〇〇四年
直林不退「讃岐の庄松」（『大法輪』第七三巻第7号）二〇〇六年、『節談椿原流の説教者』（永田文昌堂）二〇〇七年、「節談とその信者像—妙好人与市同行言行録の成立をめぐって—」（『浄土真宗総合研究所紀要』第六号）二〇一一年、「節談説教者と妙好人」

（『相愛大学研究論集』第二八号）二〇一二年
吾勝常行「妙好人輩出の宗教的社会機能―真宗の法座について―」（『真宗学』第一二三・一二四号）二〇一一年
塚田幸三「妙好人像の形成と現代における妙好人の意義」（菊藤編『妙好人研究集成』）二〇一六年
直林不退「『節談説教』像の再検討」（『人文学研究』第三号）二〇一八年、「『日本霊異記』の仏教伝道史的考察」（『奈良平安時代〈知〉の相関』・岩田書院）二〇一五年
平川彰『初期大乗仏教の研究』（春秋社）一九七三年
小野真（真龍）「Buddhistisch musikalische Konzepte in Sutren und deren Verwirklichung im hōe（法会）」「仏典における仏教―音楽的コンセプトと法会におけるその現実化」（『日本伝統音楽研究』第四号・京都市立芸術大学伝統音楽研究センター）二〇〇七年
石橋義秀『仏教説話論考』（文栄堂）二〇〇九年
古田和弘「因縁・譬喩」（『仏教文学集』・平凡社）一九七五年
龍口恭子「親鸞と唱導師聖覚」（『印度学仏教学研究』第五〇巻第一号）二〇〇一年
大須賀順意（府越義博編訳）『現代文 説教の秘訣 増補版』（国書刊行会）二〇一四年
神子上憲了（洗聲会編）『新稿 現代説教の真髄』（自照社出版）二〇一七年
藤野貞造編「漢語和解一覧」（田中安次郎板）一八七六年
後小路薫『勧化本の研究』（和泉書院）二〇一〇年
和田泰幸「東保流説教小考」（『龍谷大学仏教文化研究所紀要』第五六号）二〇一八年
角岡賢一「節談説教の文化的研究」（『龍谷大学グローバル研究センター研究年報』第二五号）二〇一六年
藤田隆則「節談が伝える御法義」（浄土真宗本願寺派教学伝道研究センター・二〇〇八年）での発言、『歌と語りとふしの研究』（京都市立芸術大学日本伝統音楽研究センター）二〇一二年
伊東乾『笑う親鸞』（河出書房）二〇一二年
河村義雄『是人名分陀利華』（百華苑）一九四二年
朝枝善照『続妙好人伝基礎研究』（朝枝善照著作集第三巻・永田文昌堂）二〇一六年
木村徹量『信疑決判』（大八木興文堂）一九二二年
直林不退「福専寺―獲麟寮」（『節談説教』第一七号）二〇一五年

**第四章**

岩見護『赤尾の道宗』（永田文昌堂）一九五六年

岩倉政治『行者道宗』（法藏館）一九七九年
山本仏骨『火中の蓮華』（永田文昌堂）一九五九年
花岡大学『妙好人清九郎』（百華苑）一九七一年
朝枝善照『仏教文学研究』（朝枝善照著作集第四巻・永田文昌堂）二〇一三年
遠藤撮雄『妙好人清九郎物語』（法藏館）一九八一年
三田源七（宇野最勝・竹田順道編）『信者めぐり』（大八木興文堂）一九二二年
久我順『妙好人お園』（法藏館）一九九三年
中村薫「三河のお園」（『大法輪』第七三巻第7号）二〇〇六年
川上清吉『石見の善太郎』（百華苑）一九五二年
菅真義『妙好人 有福の善太郎』（百華苑）一九六六年、菅和順増補一九八〇年
花岡大学『月夜念仏』（永田文昌堂）一九五二年
松浦豊茂『石見の善太郎』（永田文昌堂）一九八八年
清水順保『庄松ありのままの記』（永田文昌堂）一九二三年
赤澤明海『妙好人庄松ありのままの記』（勝覚寺）二〇一一年
西村真詮『妙好人おかるさん』（六光会）一九五五年
大洲彰然『おかる同行物語』（百華苑）一九五五年
安藤敦子『妙好人お軽―六連島の灯―』（法藏館）一九九三年
石田法雄『妙好人おかるの歌』（国際仏教文化協会・永田文昌堂）一九九一年
高木実衛編『新妙好人伝 近江美濃編』（法藏館）一九九〇年
羽栗行道『妙好人源左物語』（百華苑）一九五五年
花岡大学『ようこそ源左―妙好人源左物語―』（探究社）一九七六年
寺本慧達『浅原才市翁を語る』（長円寺）一九五二年
川上清吉『才市さんとその歌』（百華苑）一九五七年
藤秀璻『宗教詩人才市』新版（法藏館）一九八二年
利井興弘『才市念仏抄』（百華苑）一九七六年
高木雪雄『才市同行―才市の生涯と周縁の人々―』（永田文昌堂）一九九三年
朝枝善照『さいちさん』（永田文昌堂）一九九三年

水上勉『才市・蓑笠の人』（講談社）一九九四年
朝枝善照『いま照らされしわれ―安芸の妙好人斎藤政二小伝』（永田文昌堂）一九八五年
菊藤明道『妙好人の詩（うた）』（法蔵館）二〇〇五年
松林宗恵「私の出会った仏教者　わたしと妙好人」（『大法輪』第七六巻第7号）二〇〇九年
志村有弘編『わが心の妙好人』（勉誠出版）二〇一一年
林智康・井上善幸編『妙好人における死生観と超越』（龍谷大学人間・科学・宗教オープン・リサーチセンター）二〇一二年
伊藤智誠『妙好人めぐりの旅―親鸞と生きた人々』（法蔵館）二〇一二年
神英雄『妙好人と石見人の生き方』（自照社出版）二〇一三年
塚田幸三『妙好人とシュタイナー』（大法輪閣）二〇一四年
岩田真実「近代の妙好人伝にみる女性仏教者像」（『龍谷大学論集』第四八五号）二〇一五年

## 第五章

浅井成海「法爾」（『大法輪』第七三巻第7号）二〇〇六年
内藤知康『安心論題を学ぶ』（本願寺出版）二〇〇四年
植木等『夢をくいつづけた男―おやじ徹誠一代記』（朝日新聞出版）一九八七年
丹羽文雄『菩提樹』（新潮社）一九七五年
桐溪順忍「摂取して捨てざれば」（『法味』・永田文昌堂）一九九〇年合本
矢田了章編『真宗伝道の課題と展望』（永田文昌堂）二〇〇八年
深川宣暢「真宗伝道における教義解釈の問題」（『真宗学』第八八号）一九九三年
金児暁嗣『日本人の宗教性―オカゲとタタリの社会学』（新曜社）一九九七年
釈徹宗『構築された仏教思想 親鸞 救済原理としての絶対他力』（佼成出版社）二〇一〇年、「真宗における宗教的人格―妙好人の人間像を訪ねて―」（『真宗研究』第三三輯）一九八九年
佐々木隆晃『浄土真宗の聖教「安心決定鈔」を読む』（大法輪閣）二〇一六年

直林不退……なおばやし・ふたい

一九五八（昭和三十三）年、群馬県桐生市に生まれる。

浄土真宗本願寺派西本願寺で得度、島根県邑南町浄泉寺衆徒として学び、現在は滋賀県大津市浄宗寺住職。龍谷大学大学院文学研究科国史学専攻博士課程単位取得、花園大学より博士（文学）の学位受領。専門は仏教史学。龍谷大学・佛教大学・花園大学の各非常勤講師、相愛大学准教授・教授を経て、現在は客員教授（日本仏教史）。節談説教研究会副会長。

著書に、『日本古代仏教制度史研究』『大津浄土真宗寺院史』『節談椿原流の説教者・野世溪真了和上芳躅』『日本三学受容史研究』（以上永田文昌堂）、『名人木村徹量の継承者 神田唯憲の節談』（節談説教研究会）、『親鸞聖人の歴史像』（浄宗寺）等がある。

構築された仏教思想
妙好人——日暮しの中にほとばしる真実

二〇一九年四月十五日　初版第一刷発行

著者　直林不退
発行者　水野博文
発行所　株式会社佼成出版社
〒一六六-八五三五　東京都杉並区和田二-七-一
電話　〇三-五三八五-二三一七（編集）
〇三-五三八五-二三二三（販売）
URL https://www.kosei-shuppan.co.jp/
印刷所　大日本印刷株式会社
製本所　大日本印刷株式会社

ISBN978-4-333-02802-3　C0315

# 構築された仏教思想

信仰から論理へ――。
言語化され有機化された仏教思想。
そのシステムの全貌と本質をラディカルに問い直す。
仏教学の新たな地平を切り拓く刺戟的な試み。

**ゴータマ・ブッダ**
縁起という「苦の生滅システム」の源泉
並川孝儀

**龍樹**
あるように見えても「空」という
石飛道子

**法蔵**
「一即一切」という法界縁起
吉津宜英

**親鸞**
救済原理としての絶対他力
釈　徹宗

**道元**
仏であるがゆえに坐す
石井清純

**妙好人**
日暮しの中にほとばしる真実
直林不退

以下続刊

ツォンカパ　松本峰哲
空海　平井宥慶
一遍　長澤昌幸